中国古代历史人物系列丛书 高栋 主编

历史不「蕉绿」

大唐学子列传

黎 明 著

韦艾玲 绘

中国财富出版社有限公司

图书在版编目（CIP）数据

历史不"蕉绿"：大唐学子列传 / 黎明著；韦艾玲绘 . -- 北京：中国财富出版社有限公司，2025.4. --（中国古代历史人物系列丛书 / 高栋主编）. -- ISBN 978-7-5047-8282-3

Ⅰ . K820.42

中国国家版本馆 CIP 数据核字第 20256UT771 号

策划编辑 张彩霞	**责任编辑** 张彩霞	**版权编辑** 武 玥
责任印制 梁 凡	**责任校对** 庞冰心	**责任发行** 杨恩磊

出版发行 中国财富出版社有限公司

社 址 北京市丰台区南四环西路 188 号 5 区 20 楼 　**邮政编码** 100070

电 话 010-52227588 转 2098 （发行部）　010-52227588 转 321 （总编室）
010-52227566 （24 小时读者服务）　010-52227588 转 305 （质检部）

网 址 http://www.cfpress.com.cn 　**排 版** 贝壳学术

经 销 新华书店 　**印 刷** 华睿林（天津）印刷有限公司

书 号 ISBN 978-7-5047-8282-3/K・0248

开 本 880mm×1230mm　1/32 　**版 次** 2025 年 4 月第 1 版

印 张 9.25 　**印 次** 2025 年 4 月第 1 次印刷

字 数 240 千字 　**定 价** 56.00 元

序

"蕉绿"作为"焦虑"的谐音，在网上被巧妙地用作一种隐喻。据说有人把"禁止蕉绿"制作成艺术字体，贴在绿油油的迷你香蕉上，用以售卖，竟然真的被很多打工人养在了办公桌上，成为当下的"新宠"。

结合时代背景来看，"蕉绿"的红火，恰好折射了新一代打工人想远离焦虑，更好地平衡工作与生活关系的心理情绪。

毫无疑问，在当前的社会背景下，我们大多数人都长着一副"焦虑"体质。快节奏的生活方式、越来越大的竞争压力，以及贫穷、做着不喜欢的工作等，都是我们焦虑的导火索。

但焦虑只有现在的人才有吗？当然不是，如果我们把时间拨回唐朝，就会发现唐朝学子的焦虑一点都不比我们少。

唐朝的学子都焦虑什么？首先，就是那千军万马过独木桥的科举考试。

科考，肇始于隋。只不过，隋朝存在的时间太短，这个科举制度还没经过怎么完整地运行就被后来的唐朝继承了过来。

因此，对于唐朝来说，科举制度是一个不断尝试、不断完善、不断改进的过程。

从类型上来说，唐朝科举主要分为常科和制科。常科就像我们现在常规的公务员考试，科目包括秀才、明经、进士、明法、明书、明算等。在唐朝初期，秀才科是最高科目，但是由于难度太大，应试者寥寥无几，后来也就逐渐废止了，这也使得进士科、明经科的地位后来居上，成为学子们主要的考官科目。

进士科的考试内容主要是诗赋（主要考文才）和策论（考生对时政问题的分析和见解）。相比较而言，明经科则简单得多，主要是默写上下句以及对经典进行解释，通过后，则是口试、经文大义（古典知识）十条、时事政治（时务策）三道。

作为学霸，要考当然就得考难的。因此，进士科是最被学子们所推崇的，而明经科则常被人鄙视。例如著名的诗人孟郊，46岁考中了进士，那份欢乐的心情我们可以从他的《登科后》诗中欣赏一下：

> 昔日龌龊不足夸，今朝放荡思无涯。
> 春风得意马蹄疾，一日看尽长安花。

那种神采飞扬、心花怒放的心态是不是显露无遗？

这里，我们还要说一下唐朝进士科的录取率，虽然唐朝科举取士的数量比隋朝多了许多，但数量依然极低。例如唐高宗总章年间每次科考的取士人数，你知道是多少吗？24人。录取比例大概是20∶1。要知道，这些都是通过地方政府的层层考试，能够进入中央考试序列的学子。大多数学子，在这之前可能就已经被淘汰出局了。所以不要以为唐朝的科考很容易，相反，可能比蜀道还要难得多。有的人可能努力了一辈子，都没有进京参加考试的资格，而即便进了京，也要面临20选1的残酷现实。可见，说那些能够进士及第的人是无可争议的学霸，恐怕一点也不为过吧。

因此，从这一点来说，换作你是一个学子，你是不是也备感焦虑？更何况，唐朝的科考，还不是人人都有资格参加的，例如商人在我国古代备受歧视，因此商人及其后代是不能参加科考的，这就无形中扼杀了一些商人出身的优秀学子。如果你是一个商人家的学子，你是否也很焦虑？再如，女子也不能参加科考，如果你是一个女学子，你是不是同样焦虑？

但是，我们同时也可以看到，唐朝的学子虽然焦虑，但也在想尽办法为自己找到出口，去释放这种焦虑。

这里，有一个典故。

说的是唐朝有个诗人，叫朱庆馀。他写了一首诗，如下：

> 洞房昨夜停红烛，待晓堂前拜舅姑。
> 妆罢低声问夫婿，画眉深浅入时无。

这诗初看就好像是在描写洞房花烛、新娘梳妆的场景。而实际上，这首诗的诗名叫《近试上张水部》。是朱庆馀参加科举考试前，写给水部员外郎张籍的"行卷"诗。在诗中，朱庆馀将自己隐喻为新娘，将张籍暗比公婆，以新娘不知自己的打扮能否讨得公婆欢心，来试探张籍对自己的赏识程度。

这种在考试前写诗文给显贵大臣的做法，就是"行卷"。如果考生的诗文得到肯定，那就很有可能被推荐给主考官，考中的可能将大大增加。毕竟，唐朝科考的试卷还没实行"糊名"制度，考卷是谁的，考官一目了然。前期考官有了印象，后期拟定名次时自然会多加考虑。

继续朱庆馀的故事。张籍在看到这首诗后，的确也对朱庆馀的才华很欣赏，因此回了一首《酬朱庆馀》：

> 越女新妆出镜心，自知明艳更沉吟。
>
> 齐纨未是人间贵，一曲菱歌敌万金。

结果，那年，朱庆馀果然考中了进士。

朱庆馀在焦虑之余，终于用"行卷"找到出口。

而我们著名的李白同志，曾经也是焦虑的代言人，他出身于商人家庭，本身没有参加科考的资格。但是，焦虑归焦虑，出路还是必须要有的。因此，李白瞄上了唐朝的另一个制度，就是公荐，即由政府官员或皇室成员向朝廷推荐人才，他能够当上翰林待诏，就是被玉真公主举荐的结果。当然，后来的李白走上了修仙的道路，那是他的精神状态已经进入了另一个层次，所谓的焦虑，对他已如过眼云烟、无影无踪了。

即使"行卷""公荐"都没有，学子们还可以将目光瞄向制科。所谓制科，就是皇帝为选拔特殊人才而临时设置的考试，这种考试的进行往往和政治格局的变化息息相关，取决于最高统治者的诉求。考试内容也通常是时务策，就是学子们对时事政治的个人理解，看其理解是不是有可取之处，有则授官，没有则淘汰出局。

因此，综合来看，唐朝学子面临的焦虑很普遍，但只要想，愿意努力，出口也很多。据统计，唐朝有记载的有名有姓的诗人共有两千多个，而从来没有进入过官场的，只有孟浩然一人。孟浩然没有出仕，倒并不是因为他被焦虑打败，而恰恰是因为他没有焦虑，他更喜欢的是呼朋唤友、游山玩水的田园做派。要不然，他又怎么能成为盛唐山水田园诗派的第一人呢？

其次，除了科举，世道给学子们制造的焦虑还有很多，例如唐朝规定，即使进士及第，也不能立即授官，只是表明你有了做官的资格，要真正做官，还要通过吏部的"铨选"。如果学子们着急忙慌地想要为国家出力，则可以参加吏部的博学鸿词科、书判拔萃科的考试，如果通过，那是可以立即被授予官职的。

迈进公务员大门之后，学子们又要面对官场的内卷。正如唐德宗时期的大臣沈既济，曾痛陈过的唐朝官场"四弊"：入仕之门太多、世胄之家太优、禄利之资太厚、督责之令太薄。除此之外，还有无休无止的朝臣内斗、宦官专权、藩镇割据以及官员的腐败和失职。

纵观整个唐朝，在少数时间的清风正气之外，更多的便是这种内政不修、文恬武嬉的混乱局面。官场败坏的风气，似乎很难给人重新振作的机会。

不过，这就意味着唐朝的学子们就一定要被这样的官场带节奏吗？答案基本是否定的。在我们真正将他们还原之后，我们也许才会发现，他们中的大多数人，都有着非凡的智慧和勇气，他们用自己的学识与品德，在那个内卷的时代，不焦虑地生活着，并倔强地找到了属于自己的路。

当然，人物分多种，学子也分多种，有好的，也有不好的。但不管怎样，回过头来，我们会发现，我们现在的焦虑和唐朝学子的焦虑其实有很多共通的地方。接下来，我们便不妨翻开本书，看看唐朝那些比较典型的学子养成之路以及他们形形色色的"禁止蕉绿"履历，并争取从心态、选择和努力的各个角度，也为我们自己找到一条"禁止蕉绿"的通道吧。

目录

第一章　名利两超然

第二章　人生不适意

第三章　闪耀不止文坛

第四章　大唐的另类学子

第一章　名利两超然

绣口吐出半个盛唐

李白

李白（701—762 年），字太白，号青莲居士，祖籍陇西成纪（今甘肃省秦安县），出生于西域碎叶城（今吉尔吉斯斯坦托克马克），唐朝伟大的浪漫主义诗人，被后人誉为"诗仙"，与杜甫并称"李杜"。

彪悍的人生不需要科考

在中国的诗词史上，最闪耀的一个人名或许就是李白了。

李白头上的名号也多——诗仙、剑仙、酒仙、谪仙。处处都要采用一个"仙"字，似乎就为了证明李白不是一个凡人。

而实际上，李白如你我一样也是千千万万个普通人中的一员。从人的角度来看，他的才华毋庸置疑，但他同时也不过是一个非常有趣，甚至还有诸多恶习的唐朝人而已。

李白是富二代，父亲李客兄弟几个都是盐茶商人，生意做得很大。唐朝时卖盐和卖茶，几乎等同于现在的沙特、卡塔尔卖石油，由此我们大体上可以看出李白家境的殷实。

李白的出生地在大唐西域边陲碎叶城，他5岁的时候才随父亲迁居到了四川江油。当然，由于历史变迁，碎叶城现在已经属于吉尔吉斯斯坦。所以要是放到现在，李白还是一名标准的"海归"。

定居四川江油后，李白对汉文化表现出浓厚的兴趣，天天玩儿命地学习。加上本身天赋极高，因此他很快就能诵读六甲（六十组干支纪年法），到10岁的时候已经能够做出非常不错的诗赋了。当时，他文学上的偶像是同为四川人的西汉学子代表司马相如。

小时候的李白精力旺盛，除了诗书，还花了很长时间学习剑术、道术和纵横术。很有意思的是，他甚至还在岷山上拜师学会了驯鸟，可以说是一个比司马相如更猛的，既能动口也能动手的超级学霸。

虽然李白的名字中有个"白"字，但实际上，他长得并不算白，身材也不高，只是一双眼睛尤其明亮。他的粉丝魏万说他"眸子炯然，哆如饿虎，或时束带，风流酝藉"。这句话的意思是，李白的眼睛炯炯有神，好似饿虎的眼睛。而他平时呢，喜欢穿得很整齐，腰上扎根带子，头上戴个头巾，很有知识分子的范儿。

按照唐朝的规矩，学子出仕通常都要通过科考。只是李白比较特殊，他没有科考的资格。因为唐朝律法规定罪人和商人之子是不能参加科考的。

当然，全才的李白也不屑于参加科考。他喜欢的是——混圈子。

毕竟唐朝除了科考，还有另外一种选拔官员的方式，即"公荐"，就是由官员向朝廷举荐人才。

因此李白的想法很单纯，就是凭自己的才华征服某个地方官员，然后由这个官员向朝廷推荐自己，以此敲开自己的仕途之门。

凭我自己就可以

黄鹤楼喝酒成热搜

到了 20 岁的时候，李白就左手拿剑，右手拿笔，腰袋里装着钱开始了自己边旅游边求仕的漫漫长路。

随着旅游半径的扩大，祖国的名山大川给了李白莫大的灵感。一路上，李白创作了不少脍炙人口的诗歌。例如他在安徽省芜湖市北郊长江畔写的《望天门山》：

天门中断楚江开，碧水东流至此回。
两岸青山相对出，孤帆一片日边来。

又如他在庐山香炉峰写的《望庐山瀑布》：

日照香炉生紫烟，遥看瀑布挂前川。
飞流直下三千尺，疑是银河落九天。

这些山水诗，让人不仅领略到了大自然之美，而且充分感受到了山水的豪迈壮阔。李白就这样一路行，一路歌，充分诠释了把诗和远方都收入囊中的豪迈想法。

据说，李白在湖北逗留时，曾于武汉的重要地标黄鹤楼上饮酒。当时，无数文人雅士都喜欢在黄鹤楼上题诗作赋。李白当然也是诗兴大发，想给大家好好打个样。

李白正要动笔，却发现了一件了不得的事，因为他看到了崔颢写的一首《黄鹤楼》：

昔人已乘黄鹤去，此地空余黄鹤楼。
黄鹤一去不复返，白云千载空悠悠。
晴川历历汉阳树，芳草萋萋鹦鹉洲。
日暮乡关何处是？烟波江上使人愁。

这崔颢比李白小 3 岁，19 岁就考中了进士，也是出了名的才子，其笔下的《黄鹤楼》写得那真是堪称气象万千。李白看到这首诗很难受，人生首次歇笔，仅仅留下一首打油诗：

一拳捶碎黄鹤楼，一脚踢翻鹦鹉洲。
眼前有景道不得，崔颢题诗在上头。

意思就是：我好气啊，太难受了，真想把这黄鹤楼给拆了。

不过，李白在黄鹤楼上也不是没有名篇佳作。在这里，李白遇到了大自己 12 岁的挚友孟浩然。有次两人约在黄鹤楼上喝酒，喝高兴了，李白当即挥毫写下一首《赠孟浩然》：

> 吾爱孟夫子，风流天下闻。
> 红颜弃轩冕，白首卧松云。
> 醉月频中圣，迷花不事君。
> 高山安可仰，徒此揖清芬。

不拘一格的李白在这首诗中用"我爱你，老孟"开头，把孟浩然的隐士风范写得活灵活现。结果，这首诗当即就成了李白和孟浩然朋友圈中的刷屏爆款。

当然，更有名的还是两人喝得天昏地暗，李白想起孟浩然就要离开自己去往扬州时哭着鼻子写的《黄鹤楼送孟浩然之广陵》：

> 故人西辞黄鹤楼，烟花三月下扬州。
> 孤帆远影碧空尽，唯见长江天际流。

而李白，当然也没忘记和崔颢的隔空较量。直到多年后，李白路过金陵（今江苏省南京市），登上著名景点凤凰台，仿照崔颢的《黄鹤楼》，写下一首《登金陵凤凰台》，才算交出了一份令人满意的答案。此诗如下：

> 凤凰台上凤凰游，凤去台空江自流。
> 吴宫花草埋幽径，晋代衣冠成古丘。
> 三山半落青天外，二水中分白鹭洲。
> 总为浮云能蔽日，长安不见使人愁。

这首大气磅礴的诗，和崔颢的诗一样给我们的诗歌宝库增添了不可多得的瑰宝。而李白与崔颢究竟谁胜谁负，其实已经不重要了。

不是吗？

崔颢VS李白

求职"蜀道难"

李白是个洒脱的人，哪怕是刷爆信用卡，也要把酒喝得日月无光、天昏地暗。但不管怎样，他走"公荐"求仕的心却从没改变。

以前在金陵，李白就开始拜谒当地的名流。可惜，李白虽有一定名声，但当时的官员都在忙唐玄宗的封禅大典，没人搭理他。

金陵之后是扬州，结果不到一年时间，李白不仅没找到工作，还把家里给的30万钱全部奉献给了那个美丽的城市。

再后来，李白扑进了长安的怀抱。李白先是拜谒张说（yuè），没想到张说自己病重不能见人。接着，李白想到了大家公认的"伯乐"玉真公主。这玉真公主，是唐玄宗的亲妹妹，在朝中的势力非常大，没经过科考的人要想当官，对于她而言通常就是一句话的事儿。

李白崇信道教，而玉真公主也在道观出家。李白通过张说的儿子张垍（jì），住进了终南山上的玉真公主别馆。满以为凭这些因素，玉真公主肯定会对自己青眼有加。奈何，李白从夏天等到秋天，连玉真公主的面都没见到。

然后，李白写了一首五言诗《玉真仙人词》，来拍公主的马屁：

> 玉真之仙人，时往太华峰。
> 清晨鸣天鼓，飘欸腾双龙。
> 弄电不辍手，行云本无踪。
> 几时入少室，王母应相逢。

在诗里，李白把玉真公主夸得那叫一个飘飘然，说她简直就是九天仙女下凡，是具有超能力的女神。

可即便这样，玉真公主也没有出现。

在长安折腾了几年，李白已经穷困潦倒了，然后辗转又回到了湖北，将目标瞄向了时任荆州长史的韩朝宗。

韩朝宗也是出了名的"伯乐"，喜欢提携后进。为此，李白还专门写了一篇《与韩荆州书》。

文中，李白用了"生不用封万户侯，但愿一识韩荆州"的句子来赤裸裸地吹捧韩朝宗。这就跟金庸小说《鹿鼎记》里写的"为人不识陈近南，便称英雄也枉然"是一个意思。当然也有点像我们去互联网大厂找工作，对马化腾、李彦宏这些大佬说："我觉得当什么官不重要，能认识您，我这辈子就值了。"

然而，曾主动举荐过孟浩然的韩朝宗，看到这篇把自己捧上天的李白求职软文，却没有了下文。

李白很失望。

在这几年找工作的间隙中，李白也写诗，还曾在颓废中写下过一篇《蜀道难》：

噫吁嚱，危乎高哉！蜀道之难，难于上青天！
……
连峰去天不盈尺，枯松倒挂倚绝壁。
飞湍瀑流争喧豗，砯崖转石万壑雷。
……
蜀道之难，难于上青天，侧身西望长咨嗟！

我们总说，进四川的路不好走。没想到，找工作的路也这么不好走。

蜀道难走，比上天还难；找工作太难了，就跟走蜀道一样难。

否极之后有泰来

处处碰壁的李白，酒喝得越来越多，心中的火焰也逐渐黯淡。

之后，李白一度去过山东，跟随大唐第一剑客裴旻学剑。学有所成后，李白也被后人公认为大唐帝国排名前三的剑术高手。其间，李白还曾登上泰山，立志要和这个乌七八糟的世界划清界限。

没想到，李白刚表达完自己的仙人情怀，来自长安的诏书就递到了他的面前。

原来，长安的玉真公主终于想起了李白，便在唐玄宗面前提了一嘴。唐玄宗一听就心动了，他想看看这个名动天下的诗人长了个什么模样。

李白狂喜，觉得自己的人生总算有了转机，于是马上提笔写了一首《南陵别儿童入京》：

> 白酒新熟山中归，黄鸡啄黍秋正肥。
> 呼童烹鸡酌白酒，儿女嬉笑牵人衣。
> 高歌取醉欲自慰，起舞落日争光辉。
> 游说万乘苦不早，著鞭跨马涉远道。
> 会稽愚妇轻买臣，余亦辞家西入秦。
> 仰天大笑出门去，我辈岂是蓬蒿人。

诗里除了爽，完全没有任何别的情绪。

到了皇宫，唐玄宗以极高的规格接待了李白，不仅步行迎接，而且秒变服务员，亲自给李白调制羹汤。李白的工作嘛，是当翰林待诏，职责就是给唐玄宗和杨贵妃写诗发朋友圈、发微博。

我们看看李白写的夸杨贵妃的诗《清平调》三首：

> 其一
> 云想衣裳花想容，春风拂槛露华浓。
> 若非群玉山头见，会向瑶台月下逢。
> 其二
> 一枝秾艳露凝香，云雨巫山枉断肠。
> 借问汉宫谁得似，可怜飞燕倚新妆。

其三

名花倾国两相欢，长得君王带笑看。

解释春风无限恨，沉香亭北倚阑干。

看到朝云和晚霞，就想起她华贵的衣衫；看到美丽的花朵，就想起她倾城倾国的容颜。

你的美丽，就好像一枝凝香带露的红牡丹，让那朝行云暮行雨的巫山神女看见也会感到羞愧。

李白就是李白，夸人简直夸出了一个新的境界。

不过，虽然有工作了，李白却不开心。他自认为是宰相之才，而绝非翰林学士这样的御用文人。

李白又喝酒了，而且经常因为喝醉迟到早退，"天子呼来不上船，自称臣是酒中仙"，有事没事也不管自己是否有脚气，就让唐玄宗身边的红人高力士给他磨墨、脱鞋。

终于，李白不耐烦了，与其做皇宫豢养的"宠物"，还不如去寻仙问道，和太阳肩并肩。

就像李白在《梦游天姥吟留别》中写的那样：

别君去兮何时还？且放白鹿青崖间。须行即骑访名山。

安能摧眉折腰事权贵，使我不得开心颜！

李白的"成仙"计划

离职的时候，唐玄宗给了李白一大笔补偿金。

也是在那个时候，李白遇到了杜甫，中国文学史上最伟大的相遇诞生了。年龄相差12岁的两人一见如故，出门手牵手，晚上甚至盖一个被子。

寻仙之路，杜甫是跟着李白的。他们的目标是寻找王屋山上的华盖君——一个超凡脱俗的活神仙。两人一路慢悠悠地经过开封、商丘，等到了王屋山时，华盖君却已羽化登仙。第一次寻仙之旅就此结束。

第二年，杜甫想念李白来看他，结果又被李白的三寸不烂之舌，再次"骗着"踏上了寻仙之旅。这次，两人还多了一个伴，即老朋友老大哥高适。寻仙二人组，变成了寻仙三人行。

这段时间，他们是浪漫且自由的。他们的诗篇，也尽是豪兴与潇洒。如李白的《西岳云台歌送丹丘子》（节选）：

> 明星玉女备洒扫，麻姑搔背指爪轻。
> 我皇手把天地户，丹丘谈天与天语。
> 九重出入生光辉，东来蓬莱复西归。
> 玉浆倘惠故人饮，骑二茅龙上天飞。

那年冬天，高适南游，李白和杜甫则一起去了齐州。在齐州的紫极宫，李白领受了高天师的道箓，终于转正成了一名有编制的道士。按当时的说法，李白死后就能列入仙班，这让他欣喜若狂。

也是在那个时候，李白和友人岑勋、丹丘生相会，写下了千古绝唱《将进酒》：

> 君不见，黄河之水天上来，奔流到海不复回。
> 君不见，高堂明镜悲白发，朝如青丝暮成雪。
> 人生得意须尽欢，莫使金樽空对月。
> 天生我材必有用，千金散尽还复来。
> ……
> 五花马、千金裘，呼儿将出换美酒，与尔同销万古愁。

有钱没钱，有官没官，都不打紧，赶紧来喝酒，喝个痛快，喝个与尔同销万古愁。当然，李白的豪情与飘逸，也在这首诗中被展现得淋漓尽致。

　　除了寻仙访道，李白的"成仙计划"也包括炼丹。所谓丹，就是以硫化汞为原料，掺杂其他矿石粉末，用火炼出来的东西。

　　李白有很多诗，都表现了他在火炉边的兴奋与畅快。如《登敬亭山南望怀古赠窦主簿》（节选）：

> 强食不成味，清晨起长叹。
> 愿随子明去，炼火烧金丹。

　　为了成仙，李白甚至坚持吃菖蒲。只是他不知道这菖蒲根茎，吃多了容易让人产生强烈的幻觉。这可能也是李白的诗歌中会出现很多仙人的原因吧。

　　当然，我们现在已经知道，所谓的寻仙都是无稽之谈。李白寻了多年，终究还是不能位列仙班。

成仙计划就此启动！

坠落凡间的诗仙

李白成不了仙的同时，大唐帝国也处于风雨飘摇之中。因为胖子安禄山在大唐的东北发动了叛乱。

李白也有家国情怀，他坐不住了，想为大唐帝国出点力。

李白先是游历长安，试图结交当时的名帅哥舒翰。只可惜，哥舒翰喜欢的是高适，而不是李白。

没办法，李白只好避入庐山，隐居五老峰，与青松白云做伴，过着悠闲的小日子。

直到永王李璘数次递出聘书，要请李白当"宣传部部长"，李白才出山。李白原以为永王是在匡扶唐室，没想到他拉起的却是反旗。

不久，永王兵败被杀。站错队的李白也被逮捕，被判流放夜郎。而打败了永王军队的，就是曾和李白一起寻仙的高适。世间的奇妙，真是玄之又玄。

公元759年，被安胖子打得只剩半口气的大唐帝国因为关中大旱，宣布大赦，被流放的犯人全部变更为无罪。

李白重获自由，心情大好，一首超级名诗《早发白帝城》随之诞生：

> 朝辞白帝彩云间，千里江陵一日还。
> 两岸猿声啼不住，轻舟已过万重山。

当时的李白，已经60岁了。但写的这首诗，却让我们感觉他好像又回到了少年，那么欢快，那么活泼。

两年后，以前挥金如土的李白生活变得非常窘迫，加上病重，只好去安徽当涂投奔族叔李阳冰。

关于他的去世，有一种说法是，李白在船上喝醉之后，想要捞起水里的月亮，结果不慎坠入河中"飞升"。

李白真的是很浪漫的，至死都没有例外。

年轻人，浪漫洒脱地享受生命吧！
你该有激情，
也该敢于追求自己的梦想。

嗝

现实主义 "诗魔"

白居易

白居易（772—846年），字乐天，
号香山居士，又号醉吟先生，生于河
南新郑，祖籍太原（今属山西），唐
代现实主义诗人，一生酷爱诗文，有
"诗魔"之称。

凭诗进长安

多年前，电影《妖猫传》热映。从中，我们不仅可以感受
到杨贵妃的绝美容颜，也可以真切地看到一位桀骜不羁、性格
几近癫狂的诗人，即白居易。

白居易诞生于官员家庭，从小就与书卷文字结缘，并展现
出非同凡响的天才水准。据说他的乳母教他读书，指着"无"
和"之"两个字念给他听，他在襁褓中咬着小手指，就把这两
个字牢牢记在了心中。虽然不会说话，但以后无论谁让他辨认
这两个字，他都能准确无误地指认出来。

16 岁的时候，白居易到长安拜谒大诗人顾况。顾况拿他的名字开玩笑：

"长安米贵，恐怕居大不易啊！"

顾况的意思是，一个无名后生，居然敢叫"白居易"，是不懂生活的艰辛还是不知道生存的艰难？京城长安物价昂贵，要在这里居住，你不知道很不容易吗？

白居易不以为意，给顾况念了《赋得古原草送别》：

离离原上草，一岁一枯荣。
野火烧不尽，春风吹又生。
远芳侵古道，晴翠接荒城。
又送王孙去，萋萋满别情。

就是这首诗整得顾况动了容，只听他一改口吻："白公子如此高才，要居长安，容易得很呢。"

顾况的赞赏对白居易来说是莫大的鼓励。虽然他底子厚，诗写得好，但学习起来仍不敢有丝毫懈怠。他自己说，为了备考，他几乎是白天作赋，晚上看书，中间一有休息时间就作诗。这种学习状态一度让他口舌生疮，手肘起茧，年纪轻轻就头发衰白。有时看得昏花，一双眼睛中就好像有千千万万的苍蝇在飞。

在学子的进阶之路上，白居易显然保持着强劲的动力。

果然，功夫不负有心人，白居易在强手如林的唐朝科举考试中三试皆中：28 岁，宣州乡试州试，白居易一挥而就，名次显眼；29 岁，长安进士科考试，白居易勇夺第四，是同榜17 人中最年轻的一个；32 岁，朝廷"铨选"，白居易名列甲等，与元稹等人一同被任命为秘书省校书郎。

36 岁脱单的情诗高手

在唐朝的学子群中，白居易是晚婚的典范，36 岁才在母亲的撮合下，与好友杨虞卿的堂妹杨氏成婚。

虽然脱单晚，但白居易却不啻是一个长情之人。

白居易的初恋，在他 19 岁的时候就开始了。对方是一个叫湘灵的农村丫头，很白、很美，但不富。

> 娉婷十五胜天仙，白日姮娥旱地莲。
>
> 何处闲教鹦鹉语，碧纱窗下绣床前。

白居易这首《邻女》写的就是湘灵，"美胜天仙"是白居易对湘灵的定义。只不过，这份恋情很快就被白居易的母亲陈氏发觉。在陈氏看来，白居易和湘灵门不当户不对，一边是官僚家庭，一边是乡野村姑，自然不会同意。

白居易无法抗拒母亲的意见，只能以拒绝娶亲作为无声的反抗，而这一拖就是十多年。让人忧伤的是，后来白居易娶了杨氏，那个湘灵却没有等到为君妇的一天，因为少年时期这一段苦涩的恋情，她终身都没有再嫁人。

当然，白居易心里也一直揣着湘灵，"欲忘忘未得，欲去去无由（《寄远》）"，想忘忘不了，想离去又没有理由。

公元 805 年，白居易秘书省校书郎任职期满，被任命为周至县尉。一个很偶然的机会，白居易与好友王质夫、陈鸿一起前往马嵬驿附近的仙游寺游玩。

熟悉安史之乱的人，肯定对马嵬驿这个地名不会陌生。当年，就是在这里，唐朝美女界的天花板杨贵妃在乱军之中，被那个声称最爱她的男人——唐玄宗下令缢死。

此时距离安史之乱已经过去了几十年，但一提起唐玄宗与杨贵妃的生离死别，人们依然唏嘘不已。两位好友不约而同提议，让白居易为此事赋长诗一首。

那一刻，白居易悠悠地望着远山，想起了"我有所念人，隔在远远乡（《夜雨》）"的湘灵。

很快，一篇名荡古今的长篇叙事诗《长恨歌》在白居易笔下被创作出来了。"在天愿作比翼鸟，在地愿为连理枝"，白居易这一生中，情诗写得最为动人。或许正是因为，与别人相比，他有过一段爱而不得的凄美恋情。

被贬的诗魔与琵琶女的忧伤

44岁那年，白居易因为老是抢在谏官之前议论朝政，攻击不法官员，得罪了一个叫王涯的人。这个王涯便向唐宪宗进谗言："白居易的母亲因为看花掉到井里淹死了，而白居易却还乐呵呵地写赏花和关于井的诗，这样有伤孝道的人不配做官。"

唐宪宗一怒之下，将白居易贬为江州司马。据说后来，王涯因为"甘露之变"被杀，白居易听说后很感慨，专程去东都香山，写下了一首《九年十一月二十一日感事而作（其日独游香山）》：

> 祸福茫茫不可期，大都早退似先知。
> 当君白首同归日，是我青山独往时。

甘露之变：公元 835 年（唐太和九年），27 岁的唐文宗不甘为宦官控制，和李训、郑注策划诛杀宦官，以夺回皇帝丧失的权力。11 月 21 日，唐文宗以观露为名，将宦官头目仇士良骗至禁卫军的后院欲斩杀，被仇士良发觉，双方发生激烈战斗，结果李训、王涯、贾𫗧、舒元舆、王璠、郭行余、罗立言、李孝本、韩约等朝廷重要官员被宦官杀死，其家人也受到牵连而灭门，在这次事变后受株连被杀的有一千多人，史称"甘露之变"。

贬谪的日子，对白居易来说是忧伤且寂寥的，他也正是在这段时间里创作了《琵琶行》。

深秋时节，浔阳江上，水波粼粼，一弯新月正好挂在树梢的枝头。白居易正要和一个好朋友道别，相对无语，醉不成欢，气氛十分凄凉。幸好，江面上突然响起了一阵琵琶声，就好像仙乐般吹进两人的耳中，拯救了这份艰难的时刻。

醉不成欢惨将别，别时茫茫江浸月。
忽闻水上琵琶声，主人忘归客不发。

一边是过气的京城名姬，一边是被贬江州的小司马官。虽然两个人在以前的长安从来没有过交集，但"同是天涯沦落人"的悲剧命运却让他们一见如故：你给我弹曲，我给你写诗。

为此，白居易还痛痛快快地大哭了一场，一个优秀学子的贬谪情绪在抽抽噎噎中得到了完美的释放。

只不过，这首诗的杀伤力实在是太大了，一千多年来，"同是天涯沦落人，相逢何必曾相识"，几乎是无人不知，无人不晓。

坎坷过后的油腻晚年

　　被贬后的第六年，唐宪宗莫名暴亡，唐穆宗继位，白居易重新被召回朝廷。从那以后，白居易的仕途便再没起过什么风云。因为苏杭景美人美，他请求外放为杭州刺史，继而成为苏州刺史。

　　那几年，白居易的职位和薪酬都噌噌往上涨。他又很凡尔赛，每涨一次工资，都要晒一次工资单，"云我五十馀，未是苦老人。刺史二千石，亦不为贱贫（《南亭对酒送春》）。"

　　在苏杭任期的几年，可以说是白居易一生中最惬意的日子。

除了兴修钱塘湖堤，在水利工程方面做出莫大成绩以外，他最享受的就是和好友游山玩水，互相唱和，可谓真正的风雅之极。

生活如此惬意，白居易当然是乐开了花，经常诗兴大发，《钱塘湖春行》《春题湖上》等名篇不断产出，"乱花渐欲迷人眼，浅草才能没马蹄""松排山面千重翠，月点波心一颗珠"等名句也不断问世。

自古江南多美女，白居易的两位宠妾樊素和小蛮就是他在这时候纳的（彼时湘灵已殁）。樊素能歌，小蛮善舞，白居易说她们"樱桃樊素口，杨柳小蛮腰"。现在人们经常挂在嘴边的樱桃小嘴、小蛮腰，就是这么来的。

只是白居易虽然不愁生计，但身体却在每况愈下，和宠妾的滋润生活也走到了尽头。一次突发风疾之后，73岁的白居易忍痛送走了樊素和小蛮。

这正是白居易与众不同的地方，虽然他也喜欢锦衣玉食、美酒佳肴，甚至美人在侧，但不管怎样，他还是很有人情味的，他懂得爱不是自私地占有，而是适时地放手。

据说，在他送走樊素和小蛮后，他的好朋友刘禹锡曾揶揄他，说两位美妾不知"随风好去落谁家"，意思是不知道她们会最终落到一个什么样的家庭里，你就不伤感吗？

白居易听后，也只能苦笑回答："柳老春深日又斜，任他飞向别人家（《前有别杨柳枝》）。"意思是我老了，不能和她们在一起了，随她们去哪吧，我不操那份心了。

公元846年，75岁的白居易卒于洛阳家中。他这一生，为我们留下了3000多首诗，其中大多是反映社会现实的作品。从作品数量上看，白居易堪称唐朝诗人之最，李白和杜甫留下来的诗还不及他的零头，"诗魔"之称可谓当之无愧。

伏案苦读吧，别浪费那宝贵的时光！

立性高致的雅人

王维

王维（701—761 年），字摩诘，号摩诘居士，河东蒲州（今山西省运城市）人，祖籍山西祁县，唐朝诗人、画家，有"诗佛"之称。

风度翩翩一少年

或许很多人心中都有一个梦——有钱又有闲，然后徜徉在青山绿水中，自由自在地吟诗弹唱，没有人打扰，有的只是流水淙淙、花鸟芬芳。

有人说，这就是暗暗存在于我们精神里的一种"隐士"情结，挥之不去。

而这种生活，古人早就享受过了，比如王维。

王维和李白同一年出生，门第则秒杀李白不知几条街。了解一些历史知识的人都知道，唐初有所谓的四大家族，即清河与博陵崔氏、范阳卢氏、荥阳郑氏、太原王氏。他们有多牛？

牛到连皇室子弟想与他们联姻，他们都敢明目张胆地拒绝，而且皇室还没有办法。

王维出身太原王氏，母亲则是博陵崔氏，父母占据四大家族首尾两大族。这样的出身，远不是其他人能比的。

王维的母亲是个佛教徒，所以给王维取了个摩诘的字。王维的名加上他的字，连起来就是维摩诘，是佛教影响力极大的一位在家菩萨。

王维9岁丧父，他和几个弟弟妹妹的教育都是由母亲一力完成的。当然，王维天资聪颖，加上又愿意勤学苦读，不管是写诗作文，还是书画音乐，样样都表现出"超人"的水准。

更绝的是，长大后的王维还特别帅，肌肤雪白晶莹、黑发飘逸出尘，全身上下的线条都好像是由画师精心勾勒出来的。

17岁那年，王维想去长安参加科考。在洛阳游玩的时候，正好遇上重阳节，诗兴大发的王维就提笔写下了一首教科书级别的名诗《九月九日忆山东兄弟》：

独在异乡为异客，每逢佳节倍思亲。
遥知兄弟登高处，遍插茱萸少一人。

当然，诗名中的山东兄弟，并不是代表王维的兄弟们搬家到了山东，其中的山东指的是太行山以东，而当时王维所处的洛阳正好在太行山以西，所以他忆的是太行山以东的兄弟，而不是山东省的兄弟。

遥知兄弟登高处，
遍插茱萸少一人。

玉真公主和状元郎

第一次科考，王维没有中。

王维有点懊恼，不知道是哪里出了问题。

这时，一个好友告诉他："你得走点路子。"按照当时的潜规则，就是"行卷"，即先结交一些官员，拿着自己的文章让他们看，万一被他们相中了，他们就会递给主考官。当时的考卷又不密封，名字都在卷子上头呢。主考官要是对这个考生印象不错，其成绩自然就上来了。

真是一语惊醒梦中人！王维出身高贵，门路自然是有的。

例如当时的岐王李范，就很欣赏王维。

据说岐王曾跟王维提起，玉真公主已经推荐张九龄之弟张九皋为状元了。不过，善良的岐王话锋一转，又说如果能让玉真公主见识一下王维的才学，说不定玉真公主会改变主意。

玉真公主比王维大9岁，身份显赫，和当时的文化界来往密切，经常向朝廷推荐干部。

在岐王的安排下，王维换上艺人服装，捧上琵琶，带上自己创作的曲子《郁轮袍》走进了玉真公主家的文艺沙龙。

结果，帅气又有才的王维让玉真公主一见倾心，马上将要推荐的状元人选从张九皋变成了王维。

凭借这层关系，本来就自带学霸光环的王维在考场上所向披靡，以一首《赋得清如玉壶冰》摘下状元桂冠：

> 玉壶何用好，偏许素冰居。
> 未共销丹日，还同照绮疏。
> 抱明中不隐，含净外疑虚。
> 气似庭霜积，光言砌月馀。
> 晓凌飞鹊镜，宵映聚萤书。
> 若向夫君比，清心尚不如。

那年，王维21岁。

据说，此后王维和玉真公主之间还出现过一些情感绯闻。玉真公主对王维芳心暗许，一度想要将王维招为驸马，无奈王维自有青梅竹马的爱人，便婉拒了玉真公主的一片盛情。

王维的态度，我们似乎可以从他的一首《息夫人》诗中体会出来：

> 莫以今时宠，能忘旧日恩。
> 看花满眼泪，不共楚王言。

不要以为你今天宠爱着我，就能使我忘掉旧时的恩情啊！

玉真公主 状元郎

不如，归去

在大唐，考取了进士并不代表能做官，只代表你有了一块担任公务员的敲门砖。要想真正拿到铁饭碗，还需要参加吏部的"铨选"。

> **铨选**：唐宋至清选用官吏的一种考试制度，吏部主选文官，兵部主选武官。除最高级职官由皇帝任命外，一般都由吏部按照规定选补某种官缺。凡科考及第后具有"当官"资格的人均须到吏部听候铨选，考中后才能真正被授官。

第一次铨选，王维没中。

第二次铨选，王维中了，被任命为太乐丞，主要负责宫廷里和乐器舞蹈相关的工作。

可惜，王维在这个岗位上只干了几个月，就遭遇了人生中的一次暴击。

事情源于宫廷里一次舞黄狮子的活动。据说王维在安排乐工彩排时，不小心多看了几眼皇帝才能看的五方狮子舞。就因为这点芝麻事，王维被贬为济州司仓参军。

很多研究史学的人对王维的这段往事都很着迷。有八卦就说，正是这段时间王维拒绝了玉真公主的"好意"，才使得玉真公主一怒之下便不再庇护王维，并唆使唐玄宗对他下了狠手。

之后 20 来年，王维一直在地方上做着各种小官。后来虽然在张九龄当宰相期间，在张九龄的提携下做了右拾遗，但只高光了一年半，因为张九龄被贬，王维也心灰意冷，将自己定位成一个"闲官"。

王维的母亲信佛，主张随缘适性、无争无求，王维自然也受到了莫大的影响。因此，无论是在地方还是在中央，王维对隐士生活都情有独钟。

中国的隐士通常分为三种：真隐、假隐和半隐。

真隐，即就算做官的环境、条件都具备了，甚至政府多次派人来延请，他们也不会出仕。别说三顾茅庐，十顾茅庐都没用。

假隐，即通过隐逸来为自己博得好的声名，最终为自己出仕创造条件。通常来讲，这种隐士选择的隐居地点就在首都附近，这样一旦有做官的机会，他们可以比谁都跑得快。

半隐，即本来不想做官，但为了一家老小的生活能有保障，又不得不出仕去混口饭吃。但他们在官场上不会有所作为，无非就是挂个闲职而已。而王维，就是半隐的代表。

王维先是隐居在淇上（今河南省鹤壁市境内）。那里风光不错，高适也去隐居过。正是在那里，王维和外面的很多僧道都有往来。王维后来被称为"诗佛"，与他的这段经历不无关系。

后来，王维的半隐行踪也曾飘忽到过塞北、辋川。

塞北的豪迈催生了王维的《使至塞上》：

> 单车欲问边，属国过居延。
> 征蓬出汉塞，归雁入胡天。
> 大漠孤烟直，长河落日圆。
> 萧关逢候骑，都护在燕然。

辋川依山傍水，王维在这里买下了宋之问曾经住过的别墅，取名"辋川别业"，并写下了一大批像《山居秋暝》一样空灵澄澈的诗：

空山新雨后，天气晚来秋。

明月松间照，清泉石上流。

竹喧归浣女，莲动下渔舟。

随意春芳歇，王孙自可留。

　　其实，王维的别墅不止一套，他在终南山也营造过一个"终南别业"。

　　也是在这段时间，王维开始推崇陶渊明式的田园生活，寄情山水，没事就写写诗、作作画、钻研钻研佛学，松风解带，月下弹琴，日子过得好不快活。

松风解带

月下弹琴

优雅地来，优雅地去

王维虽然人不在江湖，也不问世事，但江湖照样有他的传说，毕竟他有不世之才。

公元 755 年，安胖子造反，叛军进了长安，唐玄宗和杨贵妃跑路。

当时，朝廷的文武百官有少部分人跟着唐玄宗走了，但更多的人选择了留下，而这其中很多人都成了叛军的俘虏，包括王维同学。

当时，叛军抓到的诗人有很多，包括杜甫同学。不过杜甫那会儿名气还不大，被叛军没关几天就放了。王维不一样，他的大名早已传遍江湖，安禄山因此很想招安他。

王维不干，便给自己下泻药，一天到晚拉肚子，整得自己话也说不利索。

安胖子没管他，直接授给他一个伪职。就这样，甭管愿意不愿意，王维都被迫成了安胖子伪政府的官员。

安胖子战败后，唐肃宗出来清理查办以前投降过叛军的官员。本来王维也是要被关大狱的，好在他的弟弟王缙平叛有功，不断为他求情，而且唐肃宗还读到了他任伪职期间写的《凝碧池》：

> 万户伤心生野烟，百僚何日再朝天。
>
> 秋槐叶落空宫里，凝碧池头奏管弦。

这首诗充分地表达了王维身在曹营心在汉的心迹。为此，唐肃宗终究没有怪罪王维。他不但没怪罪，还一路提拔，让王维先后做了中书舍人、尚书右丞。

官越做越大，王维的日子却越来越闲。他早就参透了功名利禄，一心只想悟道参禅。

　　终于，王维老了，心生退意，于是自请回归田园，过他退隐山林的生活。

　　公元761年的某天，或许是意识到自己的生命将走到尽头，王维要来纸笔，给每一个亲友都写了一封道别信，主题只有一个，就是信佛、行善。写完，他舍笔而逝。

　　让人动容的是，王维在逝世前两年，就已经上表将他倾心打造的"辋川别业"改为寺院，而且将他职田中的粮食全部拿出来赈济了灾民。

　　这就是王维，修炼成"诗佛"的王维，虽未入佛门但仍如得道高僧一般的王维。

我们需要的，是一颗淡然的心，
不念过往，不畏将来。

自古南天第一人
张九龄

张九龄（678—740 年），字子寿，一名博物，韶州曲江（今广东省韶关西）人，唐玄宗开元时的宰相、诗人。

考试不过是玩

安史之乱爆发后，唐玄宗流落蜀中，惶惶如丧家之犬，每每记起前事，常会做一番感叹："不听老人言，吃亏在眼前。"

"老人"姓张，名九龄，是盛唐时几乎零差评的一位宰相，也是我国广东省走出的第一位贤相。

大唐的广东，和现在完全不一样。那时候没有经济特区，没有经济奇迹，有的只是崇山峻岭和遍地瘴疠，交通不便，文化落后，是大多数犯人被流放和官员贬谪的目的地。

张九龄的出生地曲江，就是这样一个大唐的 N 线小城。好在，张家在地方上颇有声望，张九龄从小也不缺书读。

张九龄聪慧，五六岁就能吟诗作对，13 岁就写信给广州

历史不「蕉绿」——大唐学子列传

刺史王方庆，与之谈论政事。王方庆看完来信，觉得张九龄说得很有道理，便随手点了个赞，并写了条评论："这小子将来了不得呀。"

公元 702 年，张九龄第一次进京参加进士科考试，当时的考官是著名诗人沈佺期。据说，沈佺期看了张九龄的卷子，大为震撼，一拍大腿便将张九龄定为状元。

可榜单贴出来后，却引起了考生们的极大不满，似乎没人相信一个来自蛮夷之地的人能够夺得状元。于是便有小道消息，说沈佺期收受了张九龄的贿赂。

后来大唐中央提审沈佺期，结果沈佺期承认自己确实收了一些考生的贿赂，但绝不是张九龄。正是这层原因，本次科考被大唐中央取消，所有考试成绩也统统作废。

好吧，取消就取消，张九龄还年轻，文化课底子也深厚，他不怕重来。

天选考试人

接下来，是张九龄在家乡备考的日子。也是这个时候，唐朝政坛大佬张说因为卷入政治风暴被流放到岭南，随后看到了张九龄的文章，同样深深记住了小张同学，并多次向朝廷举荐，说这个家伙是个人才。

五年后，张九龄再次出山，去长安参加由吏部主持的选才考试，结果一举通过，被授了一个秘书省校书郎的小官。

又五年后，唐玄宗李隆基上台。李隆基为了壮大自己的队伍，又组织一批优秀人才举行了一场考试。张九龄再次凭借文化课的深厚功底获得对策优等的成绩，被唐玄宗升为右拾遗。

前前后后三个学位加身，张九龄可以说是学子界不折不扣的考试达人。

要致富，先修路

因为张说曾经多次提携张九龄，张九龄自然把张说视为大哥。两人又因都是当时的文坛领袖，被合称为"二张"。

只不过，大哥在朝廷上还有一个对手，叫姚崇。在你争我夺中，张说没有弄过姚崇。张九龄因此日子不好过，干脆辞官回乡奉养母亲。

当然，张九龄回家并没有闲着，老家的交通成为最让他着急的事。

韶州，自古以来就是广东进入中原的门户。只不过，中间横亘着一座大山，叫大庾岭，连绵百里，山道年久失修，破破烂烂的，让人望而却步。

张九龄因此向唐玄宗申报开辟经过大庾岭的新路。得到唐玄宗的首肯后，张九龄作为"项目经理"，翻山越岭亲自勘察路线，并带领民工劈山开路。

大庾岭新的交通干线完工后，南北交通果然得到了极大的改善，这条路也被后人称为"古代的京广线"。

之后，这条路被沿用了 1000 多年。尤其是在宋代，大量移民南下，大庾岭成了他们最便捷的通道，他们在这里经商、贩运货物、修客栈、建城镇。直到清末，随着粤汉铁路、雄余公路的开通，大庾岭通道的重任才被别的路线接过。

而今天，大庾岭通道已经成了旅游景点，张九龄祠也巍然地屹立在路旁。

拜相后的日子

因为修大庾岭有功，张九龄重新被召回中央。随后，张说杀回来拜相，开始狂捧自己的这位小弟。

公元 731 年，张九龄成为秘书少监兼集贤院学士副知院士，奉旨代皇帝撰写敕文。与此同时，唐玄宗开始对他进行宰相任命前的最后考察。

张九龄经受住了考验。他的文笔水平有多高呢？高到当着唐玄宗李隆基的面，听了他话的大意直接就能开写，提起笔就能整出来，完全不用打草稿，一度被认为是中央政府办公室写大稿的神器。

公元 733 年，张九龄正式被唐玄宗任命为宰相。张九龄，凭着自己过人的才华实打实杀出来了。

成为宰相后的张九龄果然不负唐玄宗厚望，展现出了极高的名相风范。因为张九龄是纯臣，他的眼中没有私欲，有的只是大唐的荣辱和苍生的幸福。

据说，有一次唐玄宗赐给张九龄一套豪宅。张九龄看见房子是精装中的精装，不接受，便写了一篇《让赐宅状》给唐玄宗，说自己出身贫穷，过惯了俭朴的生活，住这样的大宅简直是浪费，还是送给那些有需要的人吧。

生活上的高度自律，表现在工作上就是高尚的政治操守。从河南屯田，到选贤任能，张九龄每天都在打压贪官，打击门阀贵族，奖励农桑。在他的纵横捭阖下，李隆基治下的盛世大唐达到了一个前所未有的高度。

只不过，帝国的繁盛往往也是衰落的前兆。

要知道此时的大唐，还存在一枚最不安分的棋子——安禄山。

对此，张九龄是清醒的。"安史之乱"20年前，即安禄山首次进京时，张九龄即认定他不仅凶悍，还长了一脸反相，并多次提醒李隆基不要重用此人。他还对侍中裴光庭说："日后把幽州搞乱的，必定是这个人。"

奈何唐玄宗并没将张九龄的话当回事。

于是，便出现了本文开头的那一幕，"安史之乱"爆发，唐玄宗想起张九龄的忠心后悔没听他的话，不禁潸然落泪，专程遣人去韶州张九龄墓祭奠。而那时，张九龄已经过世15年了。

九龄风度

中国历史上的唐玄宗，前期开明，后期昏庸。

从50岁开始，唐玄宗就彻底听不进去一些正臣的话了，生活上奢侈腐败，政事上懒散懈怠。偏偏张九龄又是头倔驴，经常对着唐玄宗硬刚，这让唐玄宗很是不爽。

这时候的唐玄宗，喜欢的是能跪能趴也能舔的李林甫。

不久，张九龄举荐的一位官员犯了罪。唐玄宗因此顺水推舟罢了张九龄的相，让他去了荆州。

这下，张九龄没那么忙了，也就有时间写诗了。中秋到了，他开始想念远方的老友，写下了一首《望月怀远》：

> 海上生明月，天涯共此时。
> 情人怨遥夜，竟夕起相思。
> 灭烛怜光满，披衣觉露滋。
> 不堪盈手赠，还寝梦佳期。

这首诗的意思是：夜晚月光普照，我整夜都在思念你，以至于埋怨这漫长的永夜。灭掉烛光，披衣起身，露寒沾衣，这满园的月色，我不能双手奉送给你，只希望能在梦里遇见你。

现在，这首诗已经是每年各大电视台中秋晚会的必读诗作了。

公元 740 年，或许是觉得自己时日无多，张九龄向唐玄宗请求回乡扫墓，不久即病逝于家乡。

这时，唐玄宗才想起了张九龄的好，以至于每当朝廷向他推荐一个宰相的人选时，他都会以张九龄作为参照，问上一句："风度得如九龄否（风度比得上张九龄吗）？"

只是张九龄已故，大唐的荣耀也随着他的背影开始缓缓落幕。

"海上生明月，天涯共此时。"

那是盛唐的明月，也是张九龄的天涯。张九龄之后再无张九龄，因为于唐玄宗而言，满朝的大臣再没人像张九龄一样劝谏过他。

穷则独善其身，达则兼济天下。
这是一个人最珍贵，也最有魅力的特质！

淡而有味，自带光辉

贺知章

贺知章（约 659—约 744 年），
字季真，晚年自号"四明狂客"，越
州永兴（今浙江省杭州市萧山区）人，
唐代诗人、书法家。

佛系状元郎

如果说有一个人，既不在乎官大官小、钱多钱少，也不在乎
能为国家做出多大贡献，那么可能会被很多人认为是个庸才。

贺知章就是这样的人，但他不仅不是庸才，还是学子界的
全才，甚至连李白、杜甫都是他忠实的粉丝。

同时，在唐朝的学子里，若论学历，贺知章也是最高的。
他是状元，与王维一个段位。

贺知章出生在浙江萧山，祖上会稽贺氏是有名的江东大
族、儒学世家。只不过到了贺知章父亲那一辈，家道已经中落。

7 岁时，父亲病逝，贺知章与母亲艰难度日。虽然日子不

好过，但贺知章总是逮着空儿就看书、写字，于是 10 岁就能吟诗作赋，并且在当地小有名气。

19 岁的时候，贺知章本来准备去洛阳参加公考，结果遇上母亲得了很严重的肺痨。犹豫再三，贺知章最终决定放弃考试，留下来照顾母亲。而这一留就是 18 年，贺知章也成了当地远近闻名的孝子。

现在，在贺知章的家乡，还流传着他"前箩担母，后箩担书"的故事，说的是贺知章为了谋生兼读书，亲手编织了两个巨型的箩筐，外出干活时，就让母亲坐在前箩，再把经书放在后箩。乡人将此看在眼里，亲切地称他为"贺担僧"，称他母亲为"箩婆"。

公元 694 年，贺知章收到已成为朝廷高官的表弟陆象先的来信。陆象先的意思是：表哥你学富五车，又要公考了，赶紧来吧。

前箩担母，后箩担书。

贺知章这才慢悠悠地收拾好行囊，游山玩水地赶到了洛阳。殿试时，凭借过人的才学和机智的头脑，贺知章赢得了女皇武则天的好感，被钦点为第一名。

有心栽花花不开，无心插柳柳成荫。无欲无求的贺知章就这样随随便便上了皇榜头名，成了浙江省历史上的第一个状元郎。

羡慕不？

顺风顺水的官场

得中状元后，贺知章又无欲无求地等了 17 年，后来才在陆象先的保举下在国子监做了一个主管教育的小官。

贺同志不当官还好，一当官就一发不可收拾。

因为从贺知章的履历来看，他当过的官名目繁多，像四门博士、太常博士、太常少卿、礼部侍郎、集贤院学士、工部侍郎、秘书监等，十根手指头都数不过来，令很多人望尘莫及。《长安十二时辰》里经常喝得醉醺醺的老头何监，原型就是当秘书监的贺知章。

贺知章不仅当官，还一路高升，从来没离开过中央，也从来未被贬过官。他做官期间最大的贡献，是参与大唐国家行政法规《唐六典》的起草，以及大型文化工程《文纂》的汇编。

更重要的是，贺知章当官，从来没有过阿谀奉承、结党营私、贪赃枉法等黑历史，完全靠的是自己的才学和魅力。

像陆象先就十分推崇贺知章，并且经常跟别人说："我与兄弟们阔别多年，谁都不想念，唯独一天不见贺兄，就感觉这日子了无生趣。"

事实上，贺知章也确实幽默、风趣，不拘小节，不求任何名与利。

据说，唐朝中央曾让贺知章挑选一批贵族少年当夭折的皇子李范的挽郎，就是出殡时唱颂挽歌的少年。这批人治丧完成后，档案是要交给吏部的，由国家分配工作。因为僧多粥少，名额有限，很多落选的公子哥儿心中不平，都跑到贺知章办公室里来闹。

贺知章见势不妙，又不敢和这帮小子硬刚，于是命人架了梯子，自己爬上墙头耐心地给大家做着解释。结果，这起"攀梯劝退少年郎"的事件在京城传得沸沸扬扬，成为大家茶余饭后的爽口谈资。那一年，贺知章 68 岁。

还有一个故事，说的是张九龄当宰相时，不大看得起贺知章。后来，张九龄罢相，找到贺知章，说："我工作太忙了，一直没给你升官，别介意啊。"贺知章想了想，微笑着说："我已经得到你很大的庇佑了啊。"张九龄不解，只听贺知章解释道："我们俩都是南方人，以前有您在，没人骂我是'南方佬'，现在您退了，恐怕大家要用'南方佬'骂我了。"几句话，说得张九龄惭愧不已。

贺知章幽默诙谐的个性，由此可见一斑。

贺知章的朋友圈

这个世界上，大多数人都是越老越糊涂，而贺知章却是越老越明白。

按理说，贺知章年事已高，应该讲究深居简出、养生保性才是。然而贺知章不，他最喜欢的是和一帮朋友喝酒，而且还是大呼小叫那种，喝得月转星移，丝毫没有服老的意思。

杜甫曾写过一首《饮中八仙歌》，第一个出场的就是贺知章。杜甫说他"知章骑马似乘船，眼花落井水底眠"，意思是贺知章喝醉了骑在马上前俯后仰的，就跟坐船一样，要是醉眼昏花掉到了井里，干脆就在井里睡觉。饮中八仙之头号酒仙，贺知章名不虚传。

相传公元742年，40多岁的李白在京城见到了80多岁的贺知章。当时，贺知章已经是朝廷的三品大员。李白对贺老很恭敬，特意拿出自己的《蜀道难》给他品。对于李白的作品，贺知章越看越喜欢，不仅给了李白一个"谪仙人"的雅号，而且非要拉着李白去酒楼喝上几杯。

结果到了酒楼，贺知章才想起自己没有带钱。为了不扫兴，老贺干脆解下自己腰间的金龟来付账。要知道，这金龟可不是寻常之物，只有三品以上的大员才有资格佩戴。

从那以后，李白就深深地记住了贺知章。"金龟换酒"也在历代的学子中被传为佳话。

贺知章不仅好酒，也写得一手好字、好文，尤其是草书非常厉害，人们评论其"落笔精绝"。为此，有人专门请他在酒后写字题诗。他毫不推辞，喝完酒，接过笔，就是一番笔走龙蛇，十张纸、二十张纸，可谓来者不拒。

当时的书法大家张旭，是贺知章的好友。张旭，人称"张颠"，也是个惊世骇俗之人。据说，贺知章与张旭经常一起游玩，看到有好的墙壁或者屏障，兴致上来就挥毫题字。然后，那些墙上被画得"花里胡哨"的房屋主人，不但不会怪罪，反而会笑得合不拢嘴，因为这不就是最好的广告吗？

不止李白、张旭，贺知章和当时很多大咖都有交游，比如陈子昂、王维、孟浩然、张说都与他的关系不是一般的好。

据胡可先《贺知章交游考》考证，与贺知章有过交游的历史人物多达 54 人，妥妥的社交达人啊！

因解金龟，换酒为乐。

学子界人生赢家

公元 743 年，85 岁高龄的贺知章向唐玄宗请求回归故里。如果说别人的梦想在京城，那令贺知章魂牵梦绕的就是故乡。

唐玄宗多次挽留无果，最终只得同意。

临行那天，唐玄宗给他安排了盛大的酒宴，满朝文武都来了，有太子李亨、左相李适之、右相李林甫、诗人李白……

要是贺知章回乡住得不舒服怎么办？唐玄宗不放心，想起老贺一直有当道士的夙愿，便专门找人给他修了一座道观，取名"千秋观"。

贺知章回乡后，看到自己熟悉的山山水水，心情舒畅，写下了两首几乎人人都可以倒背如流的古诗。

一首《咏柳》：

> 碧玉妆成一树高，万条垂下绿丝绦。
> 不知细叶谁裁出，二月春风似剪刀。

一首《回乡偶书二首·其一》：

> 少小离家老大回，乡音无改鬓毛衰。
> 儿童相见不相识，笑问客从何处来。

不得不佩服，离乡几十年的贺知章，再次回到成长的故乡，还能克制住内心的激动和紧张，来一次"儿童相见不相识，笑问客从何处来"的终极幽默。

只是家乡的风景，贺知章不能安享了。他已经85岁了，人生也接近终点。

在唐朝的诗人里，最长寿的是丘为，活了96岁；第二是顾况，大约活了89岁；第三就是贺知章，活了86岁。但是，丘为和顾况都没有贺知章有名，因此我们要说贺知章是唐朝最长寿的诗人，估计大家也不会有异议吧。

一生顺遂，魂归故里，善始善终。

可能，贺知章最希望也最愿意看到的，正是这样的结局吧。

性格决定命运！

当你拥有豁达的性格，
自然也会收获豁达的人生。

马上封侯，马下走笔

高适

高适（704—765 年），字达夫，
渤海郡（今河北省景县）人，唐朝中
期名臣、著名边塞诗人，与岑参并称
"高岑"。

为吃穿发愁的官二代

这个世界上，有人含着金汤匙出生，有人却吃着黄连出生，
而高适，应该是二者的结合。

高适，出身渤海高氏。看这籍贯，我们大概就知道高适的
身份不简单。事实上也的确是，高适的爷爷高侃做过威风凛
凛的安东都护（安东军区司令），是生擒过突厥可汗的一代
名将；父亲高崇文也官至韶州长史（韶州秘书长）。

可是呢，顶着官二代的头衔，高适却一点没享受到官二代
的待遇。因为他出生时，家族已经没落，老爸又死得早，因
此家里穷得叮当响。最窘迫的时候，亲友都接济不过来，只

好靠乞讨度日。

虽然日子艰难，但高适乐观开朗，总梦想着有朝一日能像先祖一样建功立业。那时候，高适几乎是一边饿着肚子，一边交朋友，而且经常和别人高谈阔论那些成王败寇的国家大事，因此常被别人看成有胸怀的小混混。

同时，高适也喜欢喝酒和赌博。只要身上有两个小钱，他就会迫不及待地冲进酒肆或者赌坊，非得把钱败光了才肯出来。

那时候的高适，书其实并没念多少，不过好在诗写得相当不错。

这样的日子一直持续到 28 岁，高适才觉得自己不能继续摆烂，他要仗剑西行，他想咸鱼翻身。

高适的目的和后面本书要出场的王昌龄一样，就是去参军，去打仗，靠军功来实现当官的梦想。毕竟他们所处时代是大唐，是军人和诗人两个职业可以合二为一的大唐。

结果高适这次出塞只是为自己以后的戎马生涯做了下热身，因为他没混到任何正式的编制。倒是塞外的异域风光、粗犷民风给了他不少创作的灵感。例如他的《营州歌》：

营州少年厌原野，狐裘蒙茸猎城下。
虏酒千钟不醉人，胡儿十岁能骑马。

在中原，十来岁的孩子要么在学堂读书，要么在田里插秧，而那些胡人少年却过的是骑着马在草原上狂奔的生活。

这实在是太对高适的胃口了。

他有预感，有朝一日，自己肯定也会过上这种策马狂奔的生活。

盛唐诗人失意者联盟

从塞外回来，高适才去参加科考，自然是落榜了。

公元 744 年，正当高适感叹自己已经 40 岁还一事无成的时候，李白出现了。

那年，李白刚被唐玄宗逐出长安，手里拿着巨额的遣散费去找仙人，结果一路上捡了两个人，先是他的小迷弟杜甫，然后是在商丘种田钓鱼的高适。

当时，杜甫也是屡试不第。三个倒霉蛋在一起，正好组成一个"盛唐诗人失意者联盟"。现在河南省开封市还有一座三贤祠，里面供奉的就是这三位。

凭着李白的钱袋子，三人倒是吃穿不愁，然后一起过了一些喝酒观景写诗的逍遥日子。当然，他们不可能长期过这样的生活，最先憋不住的就是高适，他想再接再厉，于是回家加入了奋斗大军。

只不过，家乡的日子仍然拧巴。就像他的偶像董庭兰来看他的时候，他连招待人家的酒钱都拿不出来。

董庭兰，因在家里排行老大，又叫"董大"，是当时著名的七弦琴演奏家。他曾经被宰相房琯招到府中当门客。只是好景不长，房琯不久被贬，宰相府的人全部被遣散，董大也只能流落江湖。

高适、董大，两个失意的人吃完饭、喝完酒，高适为了安慰董大，提出要为他赋诗一首，于是就有了这首《别董大·其一》：

> 千里黄云白日曛，北风吹雁雪纷纷。
> 莫愁前路无知己，天下谁人不识君？

这首诗实在是太有名了，中国人几乎人人能背。只是，很多人却不知道这只是那天高适给董大写的两首诗中的一首，还有另一首《别董大·其二》：

> 六翮飘飖私自怜，一离京洛十余年。
> 丈夫贫贱应未足，今日相逢无酒钱。

饭倒是吃完了，酒也喝完了，可是我的偶像啊，我实在是掏不出钱来付账呀。

结果，还是董大买的单。

所以，这首诗其实是高适"蹭饭"的作品呀。

刷卡，买单。

两个伯乐

挥别董大后不久，高适遇到了他生命中的第一个贵人。

要说这几年，高适的日子也没白过，因为他写出了很多佳作，而且诗风别具一格，以至于每一首都会被人争相传抄。

宋州刺史张九皋，也就是张九龄的弟弟，非常欣赏高适，专门写信给朝廷，并且推荐高适去考有道科。这不是正儿八经的科举考试，而是大唐组织的临时考试，专为选拔一些有道德的模范来做官。

46岁的高适这次运气不错，考中了，并且被朝廷任命为封丘尉（封丘县副县长）。

满以为抱负就快要实现了，但不久高适却发现这个官根本不是自己的菜，天天对着长官点头哈腰，迎来送往，然后还被县长安排去欺压百姓，你说这是人干的事吗？

想了想，高适选择了裸辞。

两手空空的时候，高适又想起了塞外。只不过这次，他没有去北方，而是选择了西行。

因为那里也有一个十分欣赏他的人，叫哥舒翰。哥舒翰是凭高适的《燕歌行》记住他的。这《燕歌行》是一首长诗，其中最著名的几句为：

> 山川萧条极边土，胡骑凭陵杂风雨。
> 战士军前半死生，美人帐下犹歌舞。

作为高适的粉丝，偶像来了，肯定得给他安排个官做不是？因此，高适顺利地成了哥舒翰的掌书记。而哥舒翰去长安时，也没忘记带上高适，并且在唐玄宗面前极力鼓吹高适的才能。

没想到啊没想到，当了 50 年的无名小卒，一夜之间竟成了皇帝的座上宾。如果说他是毛遂，那哥舒翰就是赏识毛遂的平原君。

而这段时间，也是高适非常志得意满的时候，他的边塞诗更雄浑了、更饱满了，例如这首《塞上听吹笛》：

雪净胡天牧马还，月明羌笛戍楼间。
借问梅花何处落，风吹一夜满关山。

这首诗前两句写实景，后两句写虚景，高适用明快、秀丽的基调和丰富奇妙的想象，实现了诗、画、音乐的完美结合，也描绘了一幅优美动人的塞外春光图。

我的两个伯乐

拜将封侯走向人生巅峰

公元 755 年，高适和哥舒翰的人生都迎来了转折点。

只不过，哥舒翰是降，高适是升。

因为那年，安史叛军在大唐东边闹得震天响，朝廷要调哥舒翰到潼关抵御叛军。而那时的哥舒翰早已被酒色财气掏得瘫痪在床，为了不违抗皇命贸然出关与安史叛军交战，结果几乎全军覆没，他本人也不幸成了安胖子的俘虏。

人间清醒的高适看到主帅被俘，立即快马加鞭西奔长安，加入了唐玄宗逃难的队伍。在唐玄宗面前，高适慷慨激昂地做了战报与敌情分析，因此再次受到皇帝的赞赏，官职也连升三级，被任命为朝廷负责纠察的侍御史。

最重要的是，太子李亨也高度认可高适。因此，在李亨成为唐肃宗以后，高适又被委任为淮南节度使，负责平叛永王李璘之乱。而"永王之乱"被平定后，高适又受命参与讨伐安史叛军。

永王兵败的时候，高适和李白曾有过交集。李白是永王的"宣传部部长"，永王败了，他也成了阶下囚。当时，李白认为高适一定会帮他，因此专门写了一篇文章《送张秀才谒高中丞并序》，称赞高适灭永王灭得好，希望高适能够对自己网开一面。

谋逆大罪，高适可不敢开玩笑。面对李白的请求，他最终选择了沉默。

曾经"盛唐诗人失意者联盟"中的二人也因此绝交。不过，高适其实并非绝情之人，换作谁恐怕都不敢搭上全家老小的性命，就为了捞兄弟一把吧。

说高适不绝情，还在于他对"盛唐诗人失意者联盟"中的另一位——杜甫的态度。杜甫流落蜀中时，就经常受到高适的接济；而且杜甫手上不宽裕时，也会明目张胆地找高适救急。

从那以后，高适开挂一般的走向人生巅峰。我们看看他的履历：57岁，彭州、蜀州刺史；60岁，剑南节度使；61岁，刑部侍郎、散骑常侍，册封渤海县侯，食邑700户；62岁，卒，追赠一品礼部尚书。

46岁走上仕途，61岁封侯。

从乞丐到王侯，高适的人生，是一场从46岁开始的逆袭。

《长安三万里》中说，高适是唐代诗人里当官当得最成功的一位，也是唯一被封侯的一位。

的确如此。

当乾坤未定时，千万不要灰心，
大千世界，你我皆可为黑马。

大唐"七绝圣手"

王昌龄

王昌龄（698—756年），字少伯，河东晋阳（今山西省太原市）人，盛唐著名边塞诗人，被后人誉为"七绝圣手"。

一边农夫，一边学霸

在盛唐诗坛上，王昌龄享有"七绝圣手"的雅称。很多人认为单论七绝，他是绝对的冠军，例如清代学者王夫之就称王昌龄为唐人中的七绝第一。

能写好诗的王昌龄和其他学子诗书世家或富贵人家的出身完全不同。

王昌龄是典型的穷苦人家出身。20岁之前，王昌龄的生活都是一手拿锄头，一手读诗书。

挣扎在土地上的农夫生活是很辛苦的，一年到头没有休息的日子不说，要是遇上老天爷不高兴，全年的收成都可能会打水漂。加之当时还有繁重的苛捐杂税压得人喘不过气来。

尽管如此，王昌龄家里的书却从来没有闲置过。他克服重重困难，生生把自己塑造成了一个人尽皆知的勤奋典范。

因为读书，王昌龄的眼光也比其他农夫长远得多。别人关注的是天旱天涝，他关注的是出仕安邦。

"公荐"的路线，王昌龄多少是知道一些的。但他没有主动去求官，而是选择了一条曲线道路——修仙求道。按王昌龄自己的说法，他其实明白所谓的成仙得道都是无稽之谈，他真正的目的是等待某位贵人出其不意地与他相遇，然后被他的才华折服，进而将他举荐到朝中为官。

这样"守株"一年，却没有任何"兔子"上钩。

修仙不成，王昌龄又选择了参军。在唐朝，除了科举和公荐，参军也是一条往上爬的捷径。因为大唐从一开始就和周边的"邻居"在不断摩擦，如果能在军事行动中立下功勋，就可能被朝廷授予官职。当然，参军的风险系数比较高，很多人都对其退避三舍。

王昌龄是农夫出身，体力不错，反而觉得参军是个不错的选择。

结果王昌龄一走出玉门关，看到塞外苍苍茫茫的大雪和凛冽如刀的狂风，以及戍边将士的艰苦卓绝，便诗兴大发，于是一首首流传万古的边塞诗歌脱口而出。

其中，最值得称道的是这首《出塞》：

> 秦时明月汉时关，万里长征人未还。
> 但使龙城飞将在，不教胡马度阴山。

这首诗历来被认为是古诗七绝压箱底的好作品，读来让人不自觉地就会激情荡漾、豪情满怀。你看，秦汉的明月照着边关，一代又一代的战士奔赴战场，有几个能活着回来？如果有卫青、李广这样的英雄在，北方的胡人哪里还敢越过阴山呢？

但使龙城飞将在，
不教胡马度阴山。

八字与官场犯冲

王昌龄在塞外待了两年，没立下什么军功，反而是他的边塞诗跨越山河，飘往长安。当时普天下的大唐子民都知道在塞外有一个诗人，名字叫王昌龄。

某一天，王昌龄站在城楼上，看见天边的落日，整了整衣冠，心里冒出一个念头：该回去了。

29岁的王昌龄终于要准备参加科考了。王学霸运气不错，成绩优异，高中进士。

过了几年，王昌龄又通过了大唐中央笼络知识分子的博学鸿词科考试，并被授予了一个河南汜水县尉（汜水县的副县长）的官职。从农夫变成干部，王昌龄多年来的梦想貌似正在实现。

可王昌龄哪里知道，他不当官还好，一当官就没有顺畅过，而是被贬来贬去：公元738年，贬岭南；公元739年，又贬岭南；公元749年，再贬夜郎。

这哪里是当官，明明就是八字与官场犯冲嘛！

不过，官场虽然屡屡不顺，王昌龄的朋友圈却在无限扩大，一时间李白、岑参、孟浩然、杜甫都成了他酒桌上的常客。

比如孟浩然，王昌龄路过襄阳时，老孟同志非得请老王去喝上一杯，结果把老孟喝得旧病复发与世长辞。

王昌龄是在告别孟浩然后，于去往岭南的途中得到孟浩然的死讯的。虽然孟浩然的死和他没有直接关系，但是"我不杀伯仁，伯仁却因我而死"。王昌龄痛心疾首，一份愧疚永远沉淀在了他的心里，乃至影响了他的后半生。

王昌龄和李白的关系也很铁，两人在巴陵（今湖南省岳阳市）相识。因为有共同的爱好，两人一见如故，经常一起喝酒吃肉探讨诗文。王昌龄著名的《巴陵送李十二》就是写给李白的：

摇曳巴陵洲渚分，清江传语便风闻。

山长不见秋城色，日暮蒹葭空水云。

这首诗的意思是：山势蜿蜒起伏，秋意浓浓的巴陵城很快就看不见了。太阳渐渐落山，水云间也只剩下蒹葭在飘零。

老朋友，今日一别，不知后会何期啊！

玉壶"冰心"

在酒桌上送了孟浩然最后一程的那年冬天，王昌龄被任命为江宁县丞（县丞地位比县尉略高，但还是副县长）。

因为这个官职，后代有很多人也称王昌龄为王江宁。不过，对于这个芝麻官，王昌龄是非常不满意的。因此接到任命书以后，他迟迟没有去上任。

那段时间，他一直待在洛阳，而江宁是现在的江苏南京，两地隔了七百多公里。王昌龄在洛阳也不干别的，成天就是喝酒解闷。

对此，有很多人是不认可的，认为你赌气可以，但不至于连官都不当了吧，你还把不把朝廷放在眼里啦？

大约半年后，王昌龄才终于出现在了江宁。这个时候，他的好朋友辛渐却正要动身去他原来所在的洛阳。

王昌龄陪着辛渐从江宁来到润州（今江苏镇江），送了差不多八十公里，不能再送了，再送就又回到洛阳了。于是，王昌龄打算和辛渐在润州的芙蓉楼作别。

芙蓉楼上，王昌龄写了一首《芙蓉楼送辛渐》：

寒雨连江夜入吴，平明送客楚山孤。

洛阳亲友如相问，一片冰心在玉壶。

王昌龄还是非常在意别人对他的非议的，他要辛渐给他在洛阳的亲友传达一个消息，那就是：不要认为我王昌龄是个不负责任的人啊，我的内心还是和以前一样，就像玉壶一样冰清玉洁，只不过我不愿意过多解释罢了。

好吧，消息一定会被辛渐带到的。

王昌龄放心了。

当然，所谓的江宁县丞实际上并没多少事做，王昌龄也乐得清闲，下班后没事干，便在当地开了个唐诗补习班来赚一些外快。事后，王昌龄还对自己的培训教材做了一些整理，写成了唐诗理论著作《诗格》，成为盛唐时唯一写诗歌学术著作的人。王昌龄的另一个外号"诗家夫子"，就是这么来的。

诗家夫子王昌龄

最后的一顿晚餐

江宁过后，王昌龄被贬去了偏远的龙标（今湖南省怀化市一带）。

八年过后，王昌龄才被赦免，他要回中原了。但他走的是东北方向，我们至今也不知道他的目的地是哪里。

路上，经过亳州（今安徽省亳州市）。

这时的中原，早已经变天了。安史叛军到处烧杀抢掠，再往前方走很是危险。

没办法，王昌龄在亳州停了下来。好在，亳州刺史闾丘晓看起来还是个"好客"之人。

那天，闾丘晓请王昌龄吃了一顿晚餐。

这闾丘晓，本身也是一名诗人，但为人奸诈，一肚子坏水。

我们现在已经无从得知王昌龄和闾丘晓在酒桌上发生了什么，但结果很明显，就是王昌龄被闾丘晓给杀害了。后人对此有过多种分析，其中最统一的当属，闾丘晓的杀人动机应该是嫉妒王昌龄的才能。

没想到啊，一代七绝圣手，最后竟然以如此离奇诡异的方式跟这世界告了别。

在文章的最后，我们来看一下闾丘晓的结局吧。

王昌龄被杀的第二年，闾丘晓因为在睢阳保卫战中贻误战机，被上司张镐处以死刑。临刑之时，闾丘晓求饶，说自己家里还有亲人要养，希望张镐能刀下留人。

然后，张镐回怼了一句："那你想过王昌龄的亲人要谁养了吗？"

言毕，杖毙。

因果报应，屡试不爽。

书本的熏陶，生活的历练，
更能将我们铸就为一个
拥有健全人格的人。

一生任性的田园诗人

孟浩然

孟浩然（689—740年），字浩然，
号孟山人，襄州襄阳（今湖北省襄阳
市）人，唐代诗人，世称"孟襄阳"，
因他终生未曾入仕，又称"孟山人"。

拒绝"高考"的怪咖

　　"学成文武艺，货与帝王家"出自元朝无名氏杂剧《庞涓
夜走马陵道》的楔子，这句话的意思是：学好了文才武艺，最
终的目的都是要为朝廷出力。

　　这当然是很多古代学子的梦想，就像《论语》中说的"学
而优则仕"一样。

　　但偏偏，有的学子却反其道而行之——学成文武艺，隐于
田园里。

　　这就不得不提孟浩然同学了。

　　孟浩然出生在一个大户人家，但门第不显，祖上几辈都没

出过当官的。孟浩然的老爹肯定是希望这小子长大以后能光耀门楣，不然也不会以《孟子》中语"吾善养吾浩然之气"给他取名。

家里有点小钱，读书自然没问题。孟浩然也没辜负老爹厚望，课堂里读书，兴趣班里学武，成绩一路飘红。

18岁的时候，孟浩然在老家襄阳参加县试，甫一出手就摘下头名桂冠。这让他老爹欣喜了老半天，似乎已经看见了在京城科考中再次金榜题名的儿子，骑着高头大马，正在长安城看花。

可就在他老爹翘首以盼时，孟浩然却做出了一个惊掉他下巴的决定，不"高考"了。

"十年寒窗，咋说不考就不考了呢？"孟浩然的老爹想不明白。

原来，孟浩然在成为县试状元的那一年，得到了当朝宰相加同乡张柬之的赏识。可谁料，因为政治风波，张柬之昨天还是宰相，今天就被贬官流放。于是孟浩然开始重新审视自己所处的大唐，仔细思量后给了老爹一个答案："我不会去给这个混乱的朝廷做帮凶。"

孟浩然的老爹气得发昏，把家里的所有人都召集起来劝孟浩然。而孟浩然则是一根筋：不去，就是不去。

眼看吵不过，孟浩然又做了一个非常大胆的举动，他卷起铺盖跑到鹿门山做隐士了。

鹿门山其实离孟浩然家并不远，峻峭挺拔、风景优美，花花草草加上鸟鸣啾啾，让孟浩然心情大好，于是就有了现在人人都会背的《春晓》：

> 春眠不觉晓，处处闻啼鸟。
> 夜来风雨声，花落知多少。

春眠不觉晓，处处闻啼鸟。

大唐的面试杀手

做了十来年隐士的孟浩然，成功地气死了自己的老爹。

这时的孟浩然有点"醒悟"了，他决定不再和世界作对，准备去官场上碰碰运气。

不过，孟浩然还是不太愿意参加"高考"，他想走和李白一样的"公荐"路线。

无奈，孟浩然拜访过很多人，都没得到他想要的结果。他很苦恼：那些人，是不是太没眼光了？

孟浩然有首著名的诗《宿建德江》，正是他在长安求仕无果，旅途中想家时写的。全文如下：

> 移舟泊烟渚，日暮客愁新。
> 野旷天低树，江清月近人。

就在孟浩然快要绝望的时候，好朋友王维给他"送"来了一个机会。

那天，孟浩然和王维一起喝酒，没想到唐玄宗突然来访。孟浩然被吓了一跳，一时不知道咋办，情急之下把身子一缩，钻到了王维的床底下。

看到桌上明摆着的两副碗筷，王维不敢隐瞒，便把孟浩然"供"了出来。

唐玄宗听完，哑然失笑："朕早就听过孟浩然的大名了，让他出来见见朕吧。"

这对孟浩然来说，可是正儿八经的面试，还是皇帝的面试。

孟浩然不好意思地从床底钻了出来。

"你最近有没有什么好的诗作啊？"

"有的。"

"念来朕听听。"

于是，孟浩然念了自己的《岁暮归南山》：

> 北阙休上书，南山归敝庐。
> 不才明主弃，多病故人疏。
> 白发催年老，青阳逼岁除。
> 永怀愁不寐，松月夜窗虚。

这首诗的意思是：我不想再递简历求职了，想回到我终南山的茅屋生活。因为我没有才德，也难怪现在的圣上嫌弃我啊……

孟浩然也是，好的诗不念，偏偏在这节骨眼上选了这么一首打皇帝脸的诗。就这意思，可以想象唐玄宗听到后是什么感受。

唐玄宗问："你自己不想做官，朕也没有嫌弃你，为啥诬蔑朕不待见你呢？"

好不容易得到的面试机会，就这样被孟浩然自己生生搅黄了。

好好好，污蔑朕不待见
你是吧？！

当"农民"多好啊

这次面试失败后，孟浩然算是把求仕的心彻底放下了，他回了老家，耕田砍柴，没事就写写诗，跑去好朋友家蹭顿酒，小日子过得相当惬意。

孟浩然的《过故人庄》表现的就是他的这种心情：

> 故人具鸡黍，邀我至田家。
> 绿树村边合，青山郭外斜。
> 开轩面场圃，把酒话桑麻。
> 待到重阳日，还来就菊花。

宰着鸡，烧着酒，看着花，聊人生，谈理想。这境界，丝毫不逊色于陶渊明笔下的南山气象。

孟浩然隐居八年后，知名的"伯乐"荆州长史韩朝宗来了。韩朝宗很欣赏孟浩然，决定带孟浩然去长安，再次向唐玄宗举荐他。

孟浩然有点心动，便和韩朝宗约好了一起出发的时间。

结果那天，孟浩然的一位朋友来拜访他。两人心情不错，开始喝酒。到点了，朋友提醒他该走了。

谁能料到，孟浩然却蹦出一句："咱俩这都已经喝上了，管那个事干吗。"

好嘛，俩人继续喝。

被放了鸽子的韩朝宗虽然很生气，但还是耐着性子去找了他。

韩朝宗原本以为孟浩然会向他认错道歉，哪想到孟浩然只是醉醺醺地站了起来，给他拱手道了句"拜拜"，绝口不提自己爽约的事。

"老兄，你真的想当官吗？"此刻韩朝宗估计不知有多想这么给孟浩然来上一句。

得嘞，孟浩然又因为自己"作"，把当官的机会搞砸了。

从那以后，大唐的高官权贵们就再也不敢推荐孟浩然了。

要了命的酒局

孟浩然，官没做成，朋友圈却很强大。像我们熟知的诗人李白、杜甫、王维、王昌龄、张九龄等，都是他的好朋友。

当然，孟浩然也是一个有真性情的人。

例如韩朝宗一年后被贬，平时对他迎来送往的人一下子全跑光了，只有孟浩然不念过往，亲自前往送别，这可把韩朝宗感动得热泪盈眶。

公元 740 年，王昌龄从岭南返京，路过襄阳。

好朋友来了，不喝酒肯定说不过去。

本来这时候，孟浩然身上已经长了两年的毒疮，都快痊愈了。老医生曾经不断叮嘱他：饮食要忌口。

结果三杯酒下肚，孟浩然就把老医生的话抛到了九霄云外，不断招呼王昌龄尝尝他的手艺。

当然，孟浩然自己也没闲着，该吃吃，该喝喝。

事实证明，老医生的话是对的。孟浩然这顿饭吃完没多久，就毒疮复发，与世长辞了。

"任性哥"孟浩然，这一生果然把"任性"诠释到了极致。

他纵情山水、不畏世俗，从未踏足官场一步。据统计，大唐有名有姓的诗人有 2536 个，而从未进入过官场的，只有他孟浩然一个。

不过，虽然孟浩然一生都没有当官，但对大唐的诗坛来说，又怎能不算是一件幸事呢？不然，谁来开创山水田园诗派？我们又怎么能读到他那么多清新自然的山水田园诗呢？

即使身在流浪，心也要在天堂。

写诗仗剑天涯客

岑参

岑参（约715—770年），荆州江陵（今湖北省荆州市）人，唐代著名边塞诗人，与高适并称"高岑"，因曾任嘉州刺史，亦被世人称"岑嘉州"。

一门三相岑榜眼

唐代有很多边塞诗人，但要论走得最远，把大漠风光描画得最奇绝的，恐怕非岑参莫属。

岑参乃名门之后，他曾经说自己"一门三相"，这是实话。因为他的曾祖父岑文本是唐太宗时的宰相，伯祖父岑长倩是唐高宗、武则天时的宰相，伯父岑羲则是唐睿宗时的宰相。

但岑参没提的是，他这"一门三相"的结局可不咋好。除了岑文本，其他两位：岑长倩因为公开反对武则天立武承嗣为太子，被腰斩；岑羲则因为在宫廷斗争中站了太平公主的队，在唐玄宗继位后的清算中被诛杀。

可见，岑参其实并没沾到"一门三相"的光，所以他只能靠自己。

好在，岑参一来有书香门第的底子，二来有一个能够随时督促辅导他学业的哥哥，三来勤奋愿读好读。

这样几个因素叠加下的岑参在很小的时候就表现出非凡的文学才能，一手文章写得那叫一个通透，比周围那些读书多他几年的少年可强太多了。

14岁的时候，岑参和哥哥去长安"京漂"。没料到长安物价太高，他家又穷，住不起"二三环"的房子，于是在高冠峪自己盖了个草房，边耕边读。

当然，"一门三相"的光环始终还是笼罩在岑参头上的，他也急切地盼望能够通过科举出仕，为大唐奉献点自己的光和热。

29岁的时候，岑参觉得自己准备好了，便昂首挺胸走入了国家公务员的考场。

信心爆棚的岑参，果然中了"榜眼"，取得了在大唐当公务员的入选资格。之后，岑参又通过了吏部的铨选，做了一个右内率府兵曹参军的官，负责给东宫的仪仗队或者警卫队写材料、看档案。

其实，对于这样一个小官，岑参是很失望的，起点低不说，还似乎完全看不到未来。

岑参苦苦思索着自己该干点什么。

终于，他做出一个大胆的决定：既然在朝中混不出名堂来，不如去西域锻炼锻炼。我们大唐不是盛行写边塞诗吗？何况我也喜欢大漠，在那里，或许我的理想就能变成现实吧。

"抛妻弃子"为哪般

岑参的机会来了。

公元 748 年，好友颜真卿出使陇右，极力向安西节度使高仙芝推荐，终于为岑参谋得了一个高仙芝幕府掌书记的职务。

接到任命后，岑参太兴奋了，既没有跟妻子商量，也没有照顾子女的情绪，而是直接打包走人了。用一个成语来概括，就叫"抛妻弃子"。

出走西域

万里奉王事，一身无所求。

也知塞垣苦，岂为妻子谋。

——岑参《初过陇山途中呈宇文判官》（节选）

置身万里之外的苦寒之地，只为了报效朝廷，又哪里顾得上给妻儿做打算呢？

话是这么说，但岑参又怎会完完全全地舍下家人呢？

走到半路上，岑参刚好遇到一位使者。一问之下，原来那人正是从安西过来的，要从这儿返回长安。岑参又惊又喜，就着此情此景吟出一首千古名诗《逢入京使》：

故园东望路漫漫，双袖龙钟泪不干。

马上相逢无纸笔，凭君传语报平安。

那个找还不知道姓名的使者啊，拜托你帮我办一件事，到了长安，给我的妻儿带个口信哈，就说我暂时还好着呢。

从长安到新疆，差不多有 2000 公里，但是岑参却一点没觉得辛苦。当他亲眼领略到塞外奇特的风光以后，根本就按捺不住心里噌噌噌冒着热气的诗歌灵感。

北风卷地白草折，胡天八月即飞雪。

忽如一夜春风来，千树万树梨花开。

——岑参《白雪歌送武判官归京》（节选）

八月九月，中原正是气候最好的时候。可这儿呢，已经是大雪纷飞了。这大雪啊，就好像一夜间春风吹来，千树万树的梨花正在盛开一样。

稀不稀奇？古不古怪？

在最远的地方写最好的诗

岑参前后两次来到西北，大约就在今天新疆一带，最远到过今天帕米尔高原一带。

岑参的第一任长官是高仙芝。高仙芝是高丽人，身为武将，长得却不是虬髯大汉的样子，反而风神俊朗。不过，人虽帅，本性却有点坏。

岑参遇上高仙芝，颇有点秀才遇到兵，啥都说不清的意思，弄得岑参非常憋屈。

相比之下，岑参的第二任长官封常清就好多了。封常清不算帅，人却特别实在，也特别欣赏满腹才华的岑参。

当时，封常清打了几次胜仗，岑参因此写了很多歌颂封常清的诗歌。其中一首：

> 四边伐鼓雪海涌，三军大呼阴山动。
>
> 虏塞兵气连云屯，战场白骨缠草根。
>
> ——岑参《轮台歌奉送封大夫出师西征》（节选）

我的上司封大夫带兵那是多么神勇啊！你看，三军过完后阴山都动了起来，战鼓连天，就像雪海一样在奔涌。

而岑参那首最著名的《白雪歌送武判官归京》也是在给封常清当下属时写的。

此刻的岑参，已经从骨子里爱上了这片大漠。这里有太多他对诗歌的灵感，也有他对未来的勃勃野心。

在唐朝的边塞诗人中：

高适的边塞是充满了政治意味的"战士军前半死生，美人帐下犹歌舞"。

王维的边塞是壮美辽阔的"大漠孤烟直，长河落日圆"。

只有岑参的边塞是鲜明饱满真实的"忽如一夜春风来，千树万树梨花开"。

如果没有发生意外，岑参肯定愿意在西域待到老。

但是，意外又常常会发生。

因为安史叛军的闹腾，高仙芝和封常清都被朝廷调回去平叛，又都经历了战败，然后双双被唐玄宗下旨斩杀。

上司都没了，岑参无奈只好又回到了长安。

没了西域，失了豪情

以后的日子里，岑参虽也做官，但他并不满意。唐肃宗不喜欢听他的谏言，唐代宗也不喜欢他。

更关键的是，没了西域的苍凉悲壮，他似乎再也写不出那些活灵活现的诗句了。

岑参当过最大的官，是四川嘉州刺史。但他到任后才发现，西川节度使崔旰主要是想让他去催粮收租，压榨老百姓的收成。

一年后，岑参实在不愿意做，崔旰也不想让他做了。

结果，人到暮年的岑参等来了罢官的噩耗。

岑参想回家了，只是连续的颠沛流离，让他的身体越来越虚弱。来到成都，岑参走不动了，最终客死在驿馆。

如果有来生，岑参可能还是更愿意做一棵雪莲花吧，生在天山，老死天山。

要经历，要闯荡，方能扬名立万！

学霸常有，文章巨公不常有

韩愈

韩愈（768—824 年），字退之，河南河阳（今河南省孟州市）人，自称"郡望昌黎"，世称"韩昌黎""昌黎先生"，唐朝中期官员、文学家、思想家、哲学家、政治家、教育家，有"文章巨公""百代文宗"之称。

靠山山倒，靠水水流

我们都知道，唐宋八大家指的是唐代的韩愈、柳宗元，宋代的欧阳修、苏洵、苏轼、苏辙、王安石和曾巩。发现没？韩愈在这八个人的江湖里是排在榜首的。

韩愈自小就有文采，工夫也全都用在了读书上。据说韩愈小的时候总是边读书边吃饭，吃饭的时候喜欢用右手先拿筷子在书上划拉几下，再往嘴里戳，一连十几页下来，旁边的人会发现书上每页都有筷子印。原来，小家伙是把书当成了下饭菜呢。

19 岁的时候，韩愈已经急不可耐地去参加科考了。不过很遗憾，韩愈前三次都以失利告终。

那时候韩愈所带盘缠已经用光，本来是要沿街乞讨的，好在被名将马燧收留，这才终于可以安下心来参加第四次科考。

事实证明，成功虽然捉摸不定，但只要你不退缩不放弃，它还是会时不时地来宠幸你一下的。这不，25 岁的韩愈终于在第四次科考中发挥正常，进士及第。

不过，按照唐例，考中进士者还不能被授官，还要经过吏部的铨选。于是韩愈继续考，又是连考三次不中。

考不上就走后门呗，韩愈开始给宰相写信，结果都石沉大海。韩愈不甘心，又登门拜访，结果访了三次被轰出来三次。

然后，韩愈准备退而求其次，去投奔地方军阀。其间，韩愈先后在两名军阀处担任幕僚。第一次干了两年多，幕主死了。第二次韩愈还没上任，幕主就死了。韩愈简直可以说是活脱脱的"靠山山倒，靠水水流"。

说来也巧，韩愈这一生可能和"四"有缘，科考四次，铨选也是。公元 800 年，韩愈第四次踏进吏部考试的大门，这次总算顺利通关，一脚迈进了公务员的大门，被朝廷任命为四门博士（相当于现在清华、北大的高级教授）。

迈进公务员的大门

天生的名师范儿

韩愈在求职的过程中，有一段插曲，即他通常把自己说成是昌黎人。其实他本来出生在河阳，和昌黎差了十万八千里。只不过，昌黎韩氏是名门，在唐朝出过好几个宰相，比如韩休、韩滉。韩愈此举的目的就是要为自己脸上贴层金子。也正是因为这样，韩愈才被世人称为韩昌黎、昌黎先生。

求职成功后，韩愈担任的四门博士，主抓教育工作。在这个位置上，韩愈恪尽职守、尽心竭力，做得非常出色。

比如名噪后世的《师说》，就是韩愈在这段时间写的。其中的"古之学者必有师。师者，所以传道受业解惑也"更是成为中国文学史上的千古名句。

当时的大唐，师道崩坏。在国子监这样的大唐高等学府，学生不想学，老师不想教，只有韩愈有问必答、有信必回，吸引了不少学子聚集在韩愈周围。韩愈也因此迅速成了大唐的一名网红教授，显示了他天生的名师范儿。

工作之余，韩愈喜欢去爬华山。华山，山高路陡，自古就有"天下奇险第一山"之说。可能是景色太壮观，韩愈一路上都只顾看风景，完全没想到"上山容易下山难"。

等韩愈登上山巅意识到该回家吃饭了，才发现四周险峻，没办法按原路返回。被吓得瑟瑟发抖的韩愈情急之下号啕大哭，甚至提笔写了遗书，从山顶上扔了下去。

遗书正巧被从山下经过的华阴县令捡到。

县令立刻展开营救，找熟悉华山道路的百姓带路，最后把韩愈这个烦人的家伙灌醉抬了下去。现在，华山苍龙岭石壁上还有一行后人写的字，叫"韩退之投书处"，标的就是这个故事的发生地。

这种事情在韩愈身上发生过不止一次。据说韩愈有次去爬慈恩寺塔，曾因失足坠至塔下，幸好他的腰带挂在塔身的钉子上，才不至于摔下去。那次，他也同样是被吓得完全不顾面子而号啕大哭。

妥妥的文章巨公

对于韩愈来说，四门博士这个官职收入微薄。韩愈家里人多，老婆、孩子、侄子……一家三十几口人挤在京城，都靠他养活。

韩愈想"跳槽"了。

他给京兆尹李实写信说："我见过的公卿大臣都是不求有功，但求无过的，只有您忠心耿耿地效忠于皇上。今年大旱，外地盗贼蜂起，谷价陡涨，京城却不受影响，都是您处理得好啊。遇到您这样的人，我怎么能不来您身边效劳呢？"

或许是这封马屁信起了作用，韩愈被朝廷提拔为监察御史（相当于现在的最高人民检察院检察长），不仅成了比较显眼的京官，还和当时的"明星"柳宗元、刘禹锡做起了同僚。

其实，那个李实真有韩愈说的那么好吗？不然，这家伙是个十足的奸佞之人，专门欺上瞒下。韩愈当然知道李实的为人，只是为了打通官场，慌不择路而已，根本管不了对方是忠是奸、是好是坏了。

韩愈曾说过："布衣之士，身居穷约，不借势于王公大人，则无以成其志；王公大人，功业显著，不借誉于布衣之士，则无以广其名。是故布衣之士虽甚贱而不谄，王公大人虽甚贵而不骄，其事势相须，其先后相资也。"这段话的意思就是，你王公贵族提拔我做官，我布衣之士帮助你出名，双方都在互相利用而已。或许，韩愈正是以这种观点来求得心理平衡的吧。

正因为正义使然，韩愈上任才不到半年，就检举了李实。关键时刻，韩愈还是坚持了自己的原则。

不料，韩愈的上书反而遭到李实的诬陷，他本人也被唐德宗贬到广东阳山当了一任县令。人情忌殊异，世路多权诈。封建社会的官场，很多时候是没有道理可言的。

尽管被贬，但韩愈的文学创作并没有停下来。当时的唐朝，流行的是词句华丽的骈体文。但这种骈体文有一个缺陷，那就是很多文章形式僵化、内容空洞，每一句都要写四个字或六个字，严重限制了文人的想象力。

所以，韩愈就在大唐文联发出了倡议，咱们别写骈体文了，写散文吧，意思就是写文章有话说话，不要老想着去拽词。因为它倡导的是继承三代两汉的自由写作，因此也被人们称为"古文运动"，是中国文学史上的一件大事。

当然，韩愈作为首倡者，散文写得是非常出色的，像长期入选中学语文教材的《马说》，名句有"世有伯乐，然后有千里马。千里马常有，而伯乐不常有"。

由于韩愈的文章写得非常好，他还在世时，当时的学者就非常敬仰他，将他比喻为"泰山""北斗"。现在，我们称呼在某一方面成就卓越，在社会上有名望、有影响的人为"泰斗"，就是这么来的。

妥妥的"文章巨公"啊！

韩愈不仅文章写得好，官也当得好。在阳山，他为当地百姓做了不少实事。以至于当地的百姓生了儿子，都用他的姓来取名，比如姓张的就叫张韩、姓陈的就叫陈韩。当地有座山，此前没有名字，韩愈来后，当地人就称之为"贤令山"，用来称赞韩愈的贤德。

文章巨公

硬刚皇帝的文坛领袖

公元 806 年，唐宪宗李纯继位，韩愈被从地方调回中央，先后担任了大学教授、司法司司长、财政司司长、公安部副部长等官职。

当时，有个大将叫韩弘，能打仗，也很有钱。因为韩弘曾经参与了平定淮西吴元济的叛乱，韩愈为他写过一篇《平淮西碑》，用以赞颂他的功劳。

韩弘一高兴，送了韩愈 500 匹绢。有人将这些绢折算成钱，发现它相当于现在的 20 万元。《平淮西碑》差不多有 1500 字，这样每个字差不多得收入 132 元。这价格可是相当高了。

据有人考证，韩愈一生写了 65 篇碑文。如果按照这种高昂的稿酬来算，他的收入简直可以用豪横来形容。所以，他的好朋友刘禹锡对此都很眼红，说他一个字的价格，就是一座金山啊！

不过，韩愈这段时间最为人称道的事情还不是他的稿费，而是他居然敢硬刚唐宪宗。

原因是陕西省法门寺藏了一枚"佛指舍利"，唐宪宗信佛，要把这枚"佛指舍利"迎到皇宫供奉三天，然后按照顺序送到各大寺院轮流供奉。

因为唐宪宗的这个举动，大唐全国各地掀起了一股狂热的礼佛风，有人愿意倾家荡产，把全部资产捐给寺庙，有人在身上点香燃火，宣称要把自己奉献给寺庙。

韩愈为这种种不寻常的举动忧心忡忡，于是给唐宪宗上了一篇《谏迎佛骨表》。

在这篇文章中，韩愈嘴巴比较毒，说"事佛求福，乃更得祸"，意思是唐宪宗你不收敛，灾祸就要来了哦。

唐宪宗看完文章气得发疯，当场要杀韩愈，幸好群臣求情，最终把韩愈贬到了广东潮州。

离开长安前，韩愈写了一首《左迁至蓝关示侄孙湘》：

> 一封朝奏九重天，夕贬潮州路八千。
>
> 欲为圣朝除弊事，肯将衰朽惜残年！
>
> 云横秦岭家何在？雪拥蓝关马不前。
>
> 知汝远来应有意，好收吾骨瘴江边。

诗中的韩愈心灰意冷，觉得自己到了潮州可能就回不来了，所以这首诗，韩愈差不多也有交代后事的意思。

只不过，后来的事实证明，这一关，韩愈还是闯过去了。

唐宪宗去世后，唐穆宗李恒继位。由于唐穆宗以前和韩愈有过交往，对他也很欣赏，因此重新让他当了京官。之后韩愈官越做越大，从副部长升为部长，又兼任了长安市的市长。

但在集功名利禄于一身的同时，韩愈的人生也即将走到尽头。

公元 824 年，韩愈病重。弥留之际，家人满屋子痛哭，韩愈反而安慰起家人："我有个亲戚，精通医术，吃啥都要参考医书，结果才活了 40 岁。我能活到 57 岁，还有什么不满足的呢？"

说完，一代文宗溘然长逝。

韩愈去世后，大唐朝廷给他的礼遇还在增加，皇帝追赠他为礼部尚书，谥号为"文"，享有配享孔庙的殊荣，世人又称他为"韩文公"。

无论经历多少风雨，
受过多少恩宠，
请永远心怀天下，刻苦治学。

一生狂飙的"诗豪"

刘禹锡

刘禹锡（772—842 年），字梦得，
籍贯河南洛阳，出生于苏州嘉兴县嘉
禾驿（今浙江省嘉兴市），唐朝时期
大臣、文学家、哲学家，有"诗豪"
之称。

考神附体刘才子

如果我们要在唐朝找一个逆商排名第一的人，恐怕这个头
衔必须给人家刘禹锡了。

刘禹锡出生于江南，可能因祖上没啥显赫的人物，为了标
榜自己，便自称是汉朝中山靖王刘胜之后，和三国时期的刘皇
叔攀上了亲戚，还用了和曹丞相（曹操，字孟德）同音的字
"梦得"。

不管是不是真的皇族后裔，刘禹锡的聪明才学却是实打实
的。9 岁的时候，他就被两个写诗写得非常好的和尚皎然、灵

澈收为弟子。千万不要小看这两个人，他们可是大唐子民无人不知无人不晓的诗僧。尤其是皎然，除了有诗僧的头衔以外，其茶道也和当时的"茶圣"陆羽有得一拼。

自己刻苦学习，加之名师倾囊相授，刘禹锡的才名是噌噌往上涨。

19岁的时候，刘禹锡就跑到唐朝最大的两个城市洛阳和长安游学，并很快在人才如林的都市圈中崭露头角。

仅仅三年后，刘禹锡又金榜题名，成了和柳宗元同科的进士。要知道，刘禹锡当时才22岁呀。和他同时代的诗人白居易29岁进士及第，就迫不及待加兴高采烈地在大慈恩寺里写下"慈恩塔下题名处，十七人中最少年"。你看，白居易29岁考中还是同学之中年龄最小的，刘禹锡可比白居易小了整整七岁，你就说优不优秀？

同年，刘禹锡又通过了制科的"博学鸿词科"考试，简直就是"考神附体"。同时代的韩愈看见他，估计除了羡慕还是羡慕。

大鹏一日同风起，扶摇直上九万里。刘禹锡的好运气还没完。24岁时，他又通过了吏部的"铨选"，而且走上了太子校书这样的黄金岗位。之所以说它是黄金岗位，因为攀上了太子，就相当于攀上了未来的皇帝。

在此期间，连太子身边的红人王叔文也经常放下身段与他结交，称他有宰相之才。前途嘛，可以说是不可限量。

再后来，刘禹锡又得到杜牧的爷爷杜佑的赏识。在他的推荐下，刘禹锡坐上了监察御史的高位。年纪轻轻的刘禹锡，升官就像坐火箭，拦都拦不住。

轰轰烈烈之后的探底人生

进入朝廷核心圈层的刘禹锡，很快就被革新派领袖王叔文、王伾拉到自己身边组成了一个小圈子。其中的成员除了刘禹锡，还有大名鼎鼎的柳宗元，以及其他六个人，加上支持他们的唐顺宗李诵，人称"一帝二王（王叔文、王伾）八司马（其他八个人后来都被贬为司马）"。

只可惜，他们的改革触动了太多官宦集团的利益。不到一年，唐顺宗就被逼退位，王叔文被赐死，连带着刘禹锡也被贬为连州（今广东省清远市）刺史。

刘禹锡刚走到半路，又接到一封诏书，原来朝廷说他被贬为连州刺史，不足以补偿他犯下的罪过，还是再降一级，去朗州（今湖南省常德市）当司马吧。而柳宗元，则是永州司马。

就这样，刘禹锡又掉转马头去了朗州，并且在朗州一待就是十年。

别人被贬都是哭丧着脸，而刘禹锡不一样，他认为这才多大点事，日子高兴是一天，不高兴也是一天，那还不如每天高高兴兴呢。

在唐朝，朗州虽然是个偏远的地方，但风景好啊，陶渊明笔下的桃花源就是写的这个地方。而且，司马本来就是个闲职，所以刘禹锡没事就到附近的洞庭湖开开心心地游玩。

正是在洞庭湖，刘禹锡写下了那首被认为是千百年来文学家描写洞庭湖最好的诗《望洞庭》：

> 湖光秋月两相和，潭面无风镜未磨。
> 遥望洞庭山水翠，白银盘里一青螺。

看山是山，看水是水，别人贬谪期间写诗都会借用景致感叹一下自己悲苦的命运。然而刘禹锡偏不，他的《望洞庭》，美景就是美景，丝毫没有愁苦的情绪在里面，仅凭这份豁达，就不可谓不难得了。

那段时间，他的另外一首诗也不小心成了千古名篇，即《秋词二首·其一》：

> 自古逢秋悲寂寥，我言秋日胜春朝。
> 晴空一鹤排云上，便引诗情到碧霄。

看看这境界！别人贬谪最怕秋天，落木萧萧，刘禹锡呢，谁说秋天不好，秋高气爽哟，连带着我这灵感也是不断高涨啊！

我现在灵感
大爆发！

历史不『蕉绿』——大唐学子列传

096

贬不死的小强

还别说，刘禹锡心情一放松，朝廷那边就来旨召他和柳宗元回长安了。

回京后的刘禹锡一边高喊"我胡汉三又回来了"，一边嘚瑟地提笔写下了一首《元和十年自朗州至京戏赠看花诸君子》：

> 紫陌红尘拂面来，无人不道看花回。
> 玄都观里桃千树，尽是刘郎去后栽。

刘禹锡的意思是，现在你们这帮朝廷里的人，都是我刘禹锡走后才上位的，是我的后辈啊。

这种赤裸裸的讽刺立即召来满朝大臣的报复。结果，刘禹锡再次捎带着柳宗元一起被贬。这次，刘禹锡又是连州刺史。

在连州，有了实际权力，刘禹锡兴致勃勃地投入到当地的基层建设中。他是刺史，但他从不摆架子，和当地的瑶民打得火热。

当时，连州有很多人不知咋的就上吐下泻了。刘禹锡又发挥自己的医学天分，在柳宗元的帮助下，鼓捣出一个方子。还别说，这方子真灵，治好了很多连州人的疾病。刘禹锡为此还得意地写下了一本医书《传信方》。后来，这本医书甚至被传到了日本、朝鲜。

连州之后，刘禹锡调任夔州（今重庆市奉节县）刺史。在这里，刘禹锡和三峡结缘，还写下了著名的《竹枝词二首·其一》：

> 杨柳青青江水平，闻郎江上唱歌声。
> 东边日出西边雨，道是无晴却有晴。

刘禹锡就像一位唱着小曲到处采风的作家，那些在当时看来不入流的民歌，被他稍加改编，就成了传颂千古的名句。在这个过程中，谁还看得出他是一位遭贬的官员呢？

不久，刘禹锡又被调到和州（今安徽和县）当刺史。尽管刺史比知县官大，但和州知县却认为刘禹锡是个被贬的官员，于是处处刁难他。按照唐朝的规定，刘禹锡应该住三室三厅的房子，但和州知县却故意让他只住一室。

刘禹锡也不生气，反而乐呵呵地写下了一篇《陋室铭》：

山不在高，有仙则名。水不在深，有龙则灵。斯是陋室，惟吾德馨。苔痕上阶绿，草色入帘青。谈笑有鸿儒，往来无白丁。可以调素琴，阅金经。无丝竹之乱耳，无案牍之劳形。南阳诸葛庐，西蜀子云亭。孔子云：何陋之有？

房子怎么样不重要，重要的是房子的主人怎么样。如果房子的主人高风亮节，那这样的房子又有什么简陋的呢？

不知道知县的反应怎样，但可以预见的是，刘禹锡的做法必定深深地刺痛他肮脏的心。

豪气在，诗就在

公元 826 年，刘禹锡又遇到了一个被调回京城的机会。
在途经金陵的时候，刘禹锡写下了一首超级名诗《乌衣巷》：

朱雀桥边野草花，乌衣巷口夕阳斜。
旧时王谢堂前燕，飞入寻常百姓家。

这首诗中全然没有议论，仅仅通过对野草、夕阳的描写，用燕子作见证，把现实和历史联系了起来。用语虽浅，味道却是无限。

回到长安的刘禹锡本性不改，又去了玄都观，并且风风火火地又写下一首挑衅意味更重的《再游玄都观》：

> 百亩庭中半是苔，桃花净尽菜花开。
> 种桃道士归何处？前度刘郎今又来。

刘禹锡的意思是，咦，我上次回来朝廷里的那帮人咋又换了呢？你们终究还是打不倒我吧，所以今天我老刘又回来了。

写完这首诗，刘禹锡的命运已不难想象，那就是继续被贬，这也使他得以陆续在苏州、汝州、同州蹲点。

直到公元 826 年，50 多岁的刘禹锡才正式结束了贬谪的生涯，回到长安担任主客郎中（中央部委接待外宾的司长）的闲职。

晚年的刘禹锡，也不再过多地过问政事，平常最喜欢的就是和好朋友白居易一起游山玩水。而且非常难得的是，刘禹锡的心态仍然超级好。例如他的《酬乐天咏老见示》（节选）：

> 细思皆幸矣，下此便翛然。
> 莫道桑榆晚，为霞尚满天。

不要感叹自己老了，老了有啥，说不定老了以后洒出的晚霞还能照得满天皆红、灿烂无比呢。

公元 842 年，刘禹锡进入了生命中的最后一年。那年，他写了一篇自传《子刘子自传》。在自传的最后，是他给自己写的铭文，他认为自己这一生，或许是失败的，因为最终没能达成匡扶社稷的心愿。但他又是成功的，因为他从没做过亏心事，他对得起大唐，对得起这一趟人间。

刘禹锡有着刚毅坚强、洒脱豪迈的品格，因此被尊称为"诗豪"。

逆境不可怕，
重要的是调整好心态。
永远对明天充满希望，
永远对未来热泪盈眶。

历史不『蕉绿』——大唐学子列传

第二章　人生不适意

我们皆是行路人

杜甫

杜甫（712—770 年），字子美，自号"少陵野老"，原籍湖北襄阳，后徙河南巩县，唐代伟大的现实主义诗人，被后世尊称为"诗圣"，与李白合称"李杜"。他的诗被称为"诗史"。

轻衣裘马爱旅游

"李杜文章在，光焰万丈长"。要说唐朝最有名的诗人，我们脱口而出的必是李杜，即一直长不大的小李和一直很沧桑的老杜。

杜甫有很多反映他过得落魄潦倒的诗，这让很多人以为他可能是个穷小子。其实不然，杜甫的出身还是很小资的。

首先，杜甫的父亲杜闲当过陕西乾县县令，是正儿八经的父母官。其次，杜甫的母亲来自世家大族清河崔氏。更了不得的是，他外祖母还是李唐王室的成员。所以这出身，不但不穷不苦，反而是大多数人都高攀不起的那种。

杜甫小时候身体不是很健康，三天两头跑医院。

有一段时间，杜甫被他老爸寄养在洛阳二姑母家。这二姑母对他非常好，甚至超过了对自己的亲生孩子。

据说，有一次杜甫和二姑母的孩子同时生病。二姑母去找女巫，女巫说俩孩子得的是同一种病，要解决的话得把孩子都放在东南角的床上。

可惜，东南角只有一张床，二姑母想都没想就把杜甫放在了上面。

最后，二姑母的儿子死了，杜甫活了。

现在想起来，我们还真应该感谢杜甫这位没留下姓名的二姑母。

作为官二代，杜甫当然不缺书，加上本身就聪明，7岁的时候便写出了人生中的第一首诗《咏凤凰》：

> 凤凰出东方，翱翔于四溟。
> 凤鸣如箫声，凤舞天下平。

对于这首诗我们不作点评，只是用来观瞻杜甫的才学。我们可以对照下自己，7岁的时候是否有如此文采。

除了智商高，杜甫在别的方面和其他小朋友并没什么差别，比如他也喜欢爬树、掏鸟窝。每年八月份他家院子里的梨树成熟的时候，他每天能爬树N回。

再年长一点，杜甫便开启了一场说走就走的旅行。其实，大唐的很多热血青年都热衷于旅游，李白是这样，杜甫也是这样。

杜甫走得非常远，到达过江南、齐鲁，同时交了些如李白、高适这样的诗友和酒友。在姑苏，杜甫甚至做好了东游日本的准备，只是最后不知道什么原因放弃了。

而在齐鲁，杜甫则登了泰山，写下了一首千古名诗《望岳》：

> 岱宗夫如何？齐鲁青未了。
> 造化钟神秀，阴阳割昏晓。
> 荡胸生层云，决眦入归鸟。
> 会当凌绝顶，一览众山小。

现在，这首《望岳》估计是每一个中国人登上泰山都会脱口而出的古诗吧。

会当凌绝顶，
一览众山小。

历史上最牛的落榜生

在游历山水的同时，杜甫其实从没忘记过求仕做官、济世为民的理想。

24 岁的时候，杜甫曾在洛阳参加过大唐中央政府组织的进士考试，但很可惜落榜了。当然，那会杜甫年少，并没有把这次落榜放在心上。

10 年后，杜甫听说唐玄宗正在长安组织一次特别的公务员考试，凡是有才华的大唐公民，都有机会被政府选中，从而成为国家干部。

杜甫兴冲冲地赶到了长安，成为众多考生中的一员。

结果，杜甫再次落第。其实，不仅仅是杜甫落第，所有考生都落第了。

不是考题太难，也不是考生们发挥欠佳，而是他们遇到了一个奇葩的考官——李林甫。

李林甫的为人，相信不用我们多说，懂点历史的人都知道。为了博得唐玄宗的欢心，李林甫故意一人不录，然后跑去告诉唐玄宗："陛下，您可太厉害了。那些有才能的人都已经被您召进朝廷了啊，民间只剩下些庸才，不用也罢。"

原来所谓的公务员考试，不过是李林甫用来拍唐玄宗马屁的一场表演。

杜甫的心都要碎了，但他同时告诉自己：不能输，一定要在长安站稳脚跟。

要知道，这时杜甫的老爹已经过世，相当于杜甫的旅游和生活经费被断了。而长安的物价又特别贵，杜甫要想在这立足，不可谓不艰难。

没办法，放下脸面，去托托关系，看看能不能结交些朝廷官员，赏脸推荐一下自己。

杜甫把目光瞄向了尚书左丞韦济，于是写诗狂拍韦济马屁，同时疯狂吹嘘自己的才华。例如这首《奉赠韦左丞丈二十二韵》（节选）：

> 甫昔少年日，早充观国宾。
> 读书破万卷，下笔如有神。

我是个啥样的人呢？我读过万卷书，我写的文章都是神来之笔。看到没，老杜家估计历来就有"狂人"的基因，杜甫的爷爷杜审言狂，而他杜甫也不可谓不狂。

然而韦济是什么反应呢？他只是喜欢杜甫的诗，但却不愿意真正为杜甫伸出援助之手。

求不成高官，那就去求皇帝吧。

39岁的时候，杜甫抓住唐玄宗去太庙祭祀的机会，写了三篇赋投入朝廷的延恩匦（guǐ）。没想到，皇帝看到他的文章后，对他极为欣赏，让他进了没有工资的国家储备干部培训组。

延恩匦：匦，铜箱的意思。武则天时，中央政府在朝堂前设置了一个四四方方的大铜箱，用来收集民间的检举信等。铜箱分成四格，东面的那一格为青色，就是延恩匦，用以受理表扬信和自荐书。这个制度在唐玄宗时得以保留。

在等待朝廷任命的日子里，杜甫的生活过得非常紧巴。为了贴补家用，他甚至在自家的院子里种了中药材决明子和甘菊，希望在它们成熟后能拿去市场上贩卖。

杜甫哪里知道，苦难对他而言才只是开了一个头。

杜甫的怒吼

在国家储备干部的培训组里，杜甫等了四年，终于等来一个河西县尉的任命。

县尉就是副县长，干啥都要向县令请示。而且杜甫深知唐朝的县尉，通常就是催逼黎民百姓赋税的政府"机器"。好朋友高适不就是县尉吗？这活儿是正义的人干的吗？

因此，即使家里吃了上顿没有下顿，杜甫也不愿意接受这个任命。

朝廷没有拗过杜甫，又给他安排了一个右卫率府兵参军的官职，职责就是看守府库的兵器甲杖，管理仓库的门禁钥匙。

虽然这个官职也不是很理想，但是杜甫这次没有推辞。因为他的生活已经容不得他没有俸禄了。

这年11月，安史叛军已经开始在东北方向疯狂挥舞大刀，令长安这边人心惶惶。

杜甫惦记住在奉先县的家人，于是买了点米面馒头，心想这次可以让儿子吃口饱饭了。

杜甫顾不得路上刺骨的寒风，一路小跑。结果还没进门，就听见屋里一片哭声。杜甫愣住了，良久才得到一个让他痛不欲生的噩耗：他的儿子，活活饿死了。

杜甫哭了，作为一介朝廷官员，日子都已经过得如此艰难，那比他更不如的那些穷人呢？

思忖良久，一声无比沉痛的怒吼自杜甫喉间涌出，是为《自京赴奉先县咏怀五百字》，这也是杜甫被称为"史诗"的第一首长篇作品。以下是这首诗的节选：

> 煖客貂鼠裘，悲管逐清瑟。
>
> 劝客驼蹄羹，霜橙压香橘。

朱门酒肉臭，路有冻死骨。

荣枯咫尺异，惆怅难再述。

那些豪门贵族，家里的酒肉多得吃都吃不完；而穷人们呢，却只能在街头因冻饿而死。多么鲜明的对照，多么辛辣的讽刺！

大唐时事评论员

那段时间，前线的战报如雪片般传进杜甫的耳膜。

潼关失守，玄宗出逃，肃宗登基……

杜甫不喜欢时下的大唐，但这是他的国家，他没得选择。

杜甫把家小安置在亲戚家，一路尾随逃难的队伍，去投奔在灵武的唐肃宗。结果，半路被叛军当作嫌疑对象抓起来。

好在这时杜甫名声不显，又长得格外苍老，不到50岁却像个70岁的老头。叛军没把他当根葱，关了没几天，就让他自娱自乐了。

侥幸逃命的杜甫改名换姓往西北走，但运气实在是背到家了，半路上再次被叛军俘虏，直到第二年才"越狱"成功。

唐肃宗被杜甫的忠心感动，觉得朝廷正是用人之时，便封了杜甫一个左拾遗的官。这个左拾遗，有点类似现在的监察部长。而这，也是杜甫这一辈子当过的最大的官儿了。

就在杜甫想要为祖国发光发热的时候，发生的一件事又让他前程尽毁。

因为当时的宰相房琯作战不利，政敌趁此机会诬陷他府中的琴师董庭兰，也就是高适写下"天下谁人不识君"的董大受贿。唐肃宗正好想办房琯，于是借这个由头下旨撤了房琯的宰相之职。

单纯的杜甫认为唐肃宗也忒小题大做了，上书为房琯辩解。结果惹得唐肃宗龙颜震怒，将他贬为华州司功参军。从那以后，杜甫再也没有接触过权力中心。

华州是个偏远的地方，路途遥远，所见亦多，杜甫开始发现这个世界上那些最残酷的真相。

深夜的一个小山村，一个老头子正要翻围墙逃走。几个凶神恶煞的官兵闯进他的家门，质问白发苍苍的老妇："你们家男人呢？快跟我们去当兵。"老妇哭着说："我们家儿子都死在战场上了，还有一个是正在吃奶的孙子。你们还要抓人吗？要抓的话就把我抓走吧。"谁知老妇竟真的被带走了。杜甫用诗记下了这个故事，是为《石壕吏》。

杜甫还看到一个老兵，站在一片断壁残垣前面泪流满面。原来，这里是他的家乡。以前，他有房屋，有邻居；而现在呢，只有杂草、乱石。杜甫也用诗记下了这个故事，是为《无家别》。

……

杜甫用最细微的笔触，记录着最真实的萧索。

雄心未遂，壮志难酬

晚年的杜甫，实在不想再折腾了。为了家人的安全，他受剑南节度使严武之邀，定居成都。

严武是个很普通的诗人，把杜甫当作偶像。在成都，严武帮杜偶像盖了一座草庐。这地方现在已是中国文学的一个圣地，叫杜甫草堂。

长期买不起房的杜甫，终于有了安身之所，他的心情也好了许多。

也是在这段时间，杜甫创作的诗歌数量大涨。例如我们熟知的《春夜喜雨》：

> 好雨知时节，当春乃发生。
> 随风潜入夜，润物细无声。
> 野径云俱黑，江船火独明。
> 晓看红湿处，花重锦官城。

可惜严武短寿，仅仅一年后就去世了。没有了依靠，杜甫无耐再度漂泊。

有一天，杜甫重操旧业，在潭洲市场上卖药，看到对面街头卖唱的一个艺术家似曾相识，上前一问，得知原来他就是自己小时候在岐王宅里见过的宫廷乐师李龟年。只不过，时移世易。多年前，他们还都是风华正茂的青年；而现在呢，只剩下历经磨难后的凄凉了。

杜甫感慨之余，写下了一首《江南逢李龟年》：

> 岐王宅里寻常见，崔九堂前几度闻。
> 正是江南好风景，落花时节又逢君。

在外飘无定所的日子里，杜甫的身体每况愈下，左耳也聋了。

杜甫决定返乡，途经湖南耒阳时，不幸被一伙叛贼抓住，关了五天五夜，一度差点饿死。

后来，幸得耒阳县令解救，他才出得贼窝。

那天，耒阳县令办了一桌丰盛的酒席。杜甫太饿了，再也顾不上面子，一下子进食了大量的牛肉和白酒。最后，可能是肠胃原因，杜甫疾病发作，逝于耒阳一条破船上，时年 59 岁。

由于太穷了，家人无力安葬他。直到 43 年后，他的孙子杜嗣业才把他的灵柩运回了故乡。

很巧的是，杜甫出生，正是唐玄宗登基的年份，那是大唐的壮年，繁盛而昌隆。杜甫逝世，大唐气数已尽，那是大唐的暮年，破败又颓废。

杜甫，正好站在时代的边缘，看尽了大唐的腐烂。

苦难是我的底色，热爱是我的本色。
不管经历多少艰难困苦，
我想我都热爱这个世界。

神一样的少年

王勃

王勃（约650—约676年），字子安，绛州龙门（今山西省河津市）人，唐代文学家、诗人，与杨炯、卢照邻、骆宾王以诗文齐名，并称"王杨卢骆"，亦称"初唐四杰"。

学习，其实如此简单

在读这篇文章之前，先来回答一道题目：如果给你吃一顿饭的时间，让你写出一篇在文学史上登峰造极、被人千年传诵的文章，你能做到吗？

恐怕这世上大多数人都做不到吧？

但有一个人能做到，他叫王勃。

王勃有多厉害，我们先来看看他的少年经历吧。

王勃出身儒学世家，打小就是大家公认的神童：

6岁，能作诗、写文章。也就是说，上幼儿园的时候，别的小朋友话还说不利索，王勃已经能著作文章了。

9岁，在读完著名的经学家、语言文字学家、历史学家颜师古注的《汉书》后，写下了10卷《指瑕》，指出了颜师古的很多错误。对比一下，你9岁时在干什么？

10岁，通读儒家典籍。

12岁，跟随名医曹元学习医术。

15岁，上书宰相刘祥道，抒发了自己对时政的见解，主题是反对唐高宗出兵讨伐高丽。看完这篇文章，刘祥道马上为之倾倒，称王勃为"神童"。

16岁，向唐高宗李治献上一篇《乾元殿颂》，被唐高宗连赞"奇才，奇才，我大唐奇才"。

17岁，参加朝廷兴办的幽素科考试，一举考中，被唐朝中央政府任命为朝散郎，成为整个中央政府里年纪最小的官员。据说，这还是因为唐朝中央政府考虑到他的年龄实在太小，又舍不得他的锋芒才华，最后破格提供给他的官职。

> **幽素科：** 唐朝前期，科举体系还不成熟，除了常规的考试之外，还有很多由皇帝不定期以自己名义举办的招贤纳士型考试，由官员推荐人选应试，幽素科即为其中之一。不过，这些科目一般不受学子重视，被认为是偏门。

那个时候的王勃，真可谓意气风发，风华正茂。当然他的诗文也是非常乐观的，比如他写的非常著名的送给杜审言的《送杜少府之任蜀州》：

城阙辅三秦，风烟望五津。
与君离别意，同是宦游人。
海内存知己，天涯若比邻。
无为在歧路，儿女共沾巾。

　　与朋友相别，这一走恐怕很长时间都见不到面了。但是王勃的诗中却没有常见的"无语凝噎"的儿女情态，而是出现了"海内存知己，天涯若比邻"这样互相勉励的话语。蜀州虽远，但不必悲伤，我们是知己，再远的天涯也是邻居呀。

海内存知己，
天涯若比邻。

在风头最劲的时候犯下大忌

十几岁的王勃，无人不夸，无人不赞，正是风头最劲的时候，似乎开挂的人生才刚刚开始，大好的前程正在美滋滋地向他挥舞着大手。

因为才华过人，王勃受到了吏部员外郎皇甫常伯的赏识。皇甫常伯把他举荐给了沛王李贤，以辅助李贤读书。这李贤，是唐高宗李治和武则天生的第二个儿子，身份尊贵。王勃能够迈入最高统治者的朋友圈，在当时不知引起了多少人的羡慕。

但是，偏偏也是这个李贤，成了王勃仕进路上的一道坎。

当时的李贤 12 岁，正是爱玩儿的年纪。而且李贤有个特殊爱好——斗鸡。公元 668 年的一天，李贤邀请他的弟弟英王李哲斗鸡取乐。当时，王勃也在场。为了给李贤助兴，王勃给他写了一篇《檄英王鸡》，权当是李贤给李哲下的战书。

结果，由于这篇文章写得太好，李哲宫内的人都争相传阅抄录。没过多久，文章就被端上了唐高宗的桌子。

没想到，唐高宗这一回看到王勃的文章，不是盛赞，而是大怒。

问题就在于王勃写的文章里，不小心埋下了太多不符合唐高宗心境的隐患，当然，王勃也没想到这篇文章会被唐高宗看见。要知道，唐高宗的上位乃兄弟相争的结果，而且他前面的唐太宗还经历了玄武门之变这样兄弟相残的悲剧。也正因此，唐高宗对兄弟相争的事特别敏感。偏偏王勃又在《檄英王鸡》中写了"血战功成，快睹鹰鹯之逐""雌伏而败类者必杀，定当割以牛刀"这种很暴力、很血腥的句子。

然后，唐高宗下了结论："歪才，歪才，我大唐歪才。"这和以前的三连赞"奇才"形成了鲜明的对比。

最后的处理结果是，唐高宗认为王勃不但不教李贤好好读书，反而在旁怂恿，为他的斗鸡游戏立文，还写得这么像模像样，这样的人应该立即逐出长安。

这下完了，王勃的仕途算是毁了，无量前程都化为泡影。

那一年的王勃，才20岁。和先前的诗文不同，他这个时候的诗文已经开始有了悲凉的意味。比如他的《别薛华》：

> 送送多穷路，遑遑独问津。
> 悲凉千里道，凄断百年身。
> 心事同漂泊，生涯共苦辛。
> 无论去与住，俱是梦中人。

诗中，仅仅"穷、独、悲、凄"等字，就把他愁苦的心情显露无遗了。

滕王阁上《滕王阁》

按照常理，王勃惹恼了皇帝，应该好好自我反省一把才是。可王勃不是这种人，大概他认为之前的事情不过是偶然发生的，和自己的处事方法没有任何关联。因此，年轻的王勃依然恃才傲物、我行我素。

在虢州（今河南境内）时，一个叫曹达的官奴因为犯罪逃逸。王勃不知道什么原因把他藏在了自己家里，后来担心被人发现，就偷偷把曹达给杀了。

东窗事发后，王勃获死罪。因为唐朝的官奴管理是很严格的，绝对不能私自处死。王勃这下玩儿得有点大了。但好在，王勃幸运地遇上了大赦，结果坐了一年多牢就被释放了。

经此一事，王勃的官运算是彻底终止了，没事可干的他不得不晃荡着去探望远在交趾（今越南北部）的父亲王福畤。

这一晃荡，就晃荡到了洪都（今江西省南昌市）。

洪都有楼名曰滕王阁。王勃到的那天，正赶上洪都都督阎伯屿重修滕王阁完工，在那里大宴宾客。

王勃去了，坐在一个不起眼的角落里。

当大家推杯换盏到高潮的时候，阎伯屿拿起话筒提议："在场的，谁能以这滕王阁做一篇文章《滕王阁序》呢？"

宾客纷纷摆手"我读书少""我字写得丑"。大家都知道，这不过是阎伯屿的一番托词，因为他有个叫吴子章的女婿，早已写好了一篇现成的《滕王阁序》。阎伯屿要的就是当大家都不会时，把自己的女婿推出来，让众人见识一下他的文采。

不过，阎伯屿失算了。当笔墨被推到王勃面前时，愣头青的他竟丝毫不客气，接过纸笔就开始奋笔疾书：

"豫章故郡，洪都新府。星分翼轸，地接衡庐……落霞与孤鹜齐飞，秋水共长天一色。……"

一气写完，举座皆惊，几乎没人不赞王勃高才，除了阎伯屿。

这篇文章有多牛，我们来看个数据吧：全文 700 多字，用了 20 多个典故，创造了 30 多个成语。而且，还仅仅是用一顿饭的时间写成的。

写完这篇文章，王勃竟然还有余力，又在文章末尾附了一首《滕王阁诗》：

> 滕王高阁临江渚，佩玉鸣鸾罢歌舞。
>
> 画栋朝飞南浦云，珠帘暮卷西山雨。
>
> 闲云潭影日悠悠，物换星移几度秋。
>
> 阁中帝子今何在？槛外长江空自流。

历史不「蕉绿」——大唐学子列传

天妒英才，明珠沉海

相传，王勃写下的《滕王阁序》后来在唐朝的广袤大地上广为流传，甚至一度传到了唐高宗那里。

唐高宗看完全篇，不禁大赞，并问身旁的太监："如此好文，这是谁的作品？"

太监沉默片刻，蹦出了俩字："王勃。"

听完这个名字的唐高宗突然有些后悔，有种再次征召王勃的冲动。

而他不知道的是，那个王勃，已经不在了。

在前往交趾的路上，王勃曾埋头完成了大量学术著作的工作。工程量很大，只可惜这些著作并没有流传下来。

后来，王勃找到了父亲，与父亲一起度过了若干时光。再后来，王勃回乡时，不幸遇上大浪坠海，虽然被人救上了岸，但已经无法医治，最终溘然长逝。

那一年，王勃大概只有 26 岁。

相传，王勃一生中最喜欢的就是自己的《滕王阁序》了，尤其是其中的名句"落霞与孤鹜齐飞，秋水共长天一色"。每当人们走过他的墓前，总能听到他的魂灵在墓中反复吟诵呢。

总的来说，王勃是张扬的，是自负的，这是他个人的软肋，但却是中国文坛的幸事。试想，如果没有他的这份张扬，这份自负，我们又怎么能够听到他写下的那些散发着永恒不灭光芒的天籁诗音呢？甚至有人说，王勃如果不是早亡，诗文成就恐怕不在李白之下。那样，唐朝的诗歌史必然也会被改写。

只是，天妒英才啊，可惜了王勃。

不在春风得意之时沉沦，
也不在灰心丧气之时妄言。

以传奇登场，以传奇谢幕

骆宾王

骆宾王（约638—约684年），字观光，婺州义乌（今属浙江）人，唐朝大臣、诗人，与王勃、杨炯、卢照邻以诗文齐名，并称"王杨卢骆"，亦称"初唐四杰"。

江南"混混"小神童

鹅，鹅，鹅，
曲项向天歌。
白毛浮绿水，
红掌拨清波。

这首朗朗上口的《咏鹅》诗，不知道是现在多少人童年时对诗歌的第一缕回忆。

我们读这首诗的时候是少年，写这首诗的人同样是少年，叫骆宾王，时年7岁。

鹅，鹅，鹅，曲项向天歌。

　　骆宾王和王勃、杨炯、卢照邻并称"初唐四杰"，而且"四杰"有一个共同点，就是年少成名。骆宾王出身书香门第，自小就没少读书，善于作文，尤其是五言诗写得最好。

　　骆宾王在创作完《咏鹅》后，就被人们誉为"神童"，成功地在初唐的学子圈里刷了一波存在感。

　　但是，不要以为"神童"都是乖孩子，至少骆宾王不是。

小时候的骆宾王，除了写诗作文，还特别爱打架斗殴，经常和街头的一些市井少年鬼混，可以说基本上没让家长省心过。

骆宾王就这样"文武"两不误地混到了 18 岁。那一年，骆宾王的父亲骆准去世。在亲友的催促下，他才不得不踏上去京城求仕之路。

当时，普通人能青云直上的门路只有一个，就是通过科考考取功名。对此，骆宾王还是蛮有信心的。不过，那时的科举制度还不完善，中央政府的科考名义上是天下学子人人平等，但实际上因为考卷不是密封的，门第关系便占据了举足轻重的地位。有很多学识一般的人，因为门第显赫，在考试前就通过各种关系铺平了道路。

骆宾王不屑于这些做派，结果也就可想而知，他——名落孙山了。

科考之后，骆宾王写了一首杂文古诗《畴昔篇》，其中有如下句子：

> 少年重英侠，弱岁贱衣冠。
> 既托寰中赏，方承膝下欢。
> 遨游灞水曲，风月洛城端。
> 且知无玉馔，谁肯逐金丸！

这里面透露出骆宾王对科举失望的浓浓的情绪，他不再愿意当一名好好考试的三好学生，而是情愿挤进社会这个大舞台，去尝试一下"四书""五经"之外的生活，比如——吃喝嫖赌。

不过，老话说得好，不怕流氓会打架，就怕流氓是学霸。骆宾王既会打架，又写得一手好文章，想找到一份工作，想来也不是什么难事。

清高叛逆与寸步难行的官场

很快，骆宾王就通过别人的介绍，入了道王李元庆府做了他的一名幕僚。

经过三年的相处，李元庆很赏识骆宾王的才华，决定给他一个升迁的机会，让他写一篇自荐书。

按常理，接到这样的美事，普通人就算不连烧高香，至少也会闭门练笔，好好润色一下这篇文章吧。可骆宾王呢，就是不按常理出牌，文章是写了，但写得极其尖锐，别说走出道王府，就连道王本人看了也被噎得差点没喘过气来。

我们看看骆宾王是怎样写自叙状的：

> 若乃脂韦其迹，乾没其心；说己之长，言身之善；腼容冒进，贪禄要君……上以紊国家之大猷，下以渎狷介之高节；此凶人以为耻，况吉士之为荣乎？

骆宾王大概的意思就是，如果写这篇文章，是要我自吹自擂，说自己有多牛、多优秀，那是不可能的。那样做就是冒进，就是贪图朝廷的俸禄，这完全违背了我做人的准则，所以我——坚决不干。

从这篇文章就可以看出，骆宾王是一个极其清高叛逆的人。但是，忠于理想就会付出现实的代价，骆宾王也不例外。

几年以后，道王离世。骆宾王失去了依靠，便回乡种田。只是很遗憾，骆宾王种了几年田，越种越穷，连奉养老母亲的钱都没有。无奈之下，他只好再次到处投简历，希望能找到一份好工作。

经过多年的打磨，别人都认为骆宾王会变得更油滑一些吧。可惜的是，"别人"错了，即便已经年过不惑，骆宾王依旧是那个不甘服输以及正义感满满的少年。

好打抱不平的侠义客

公元 670 年，吐蕃大举进攻唐朝边境。找不到工作的骆宾王，决定从军。两年后，他从部队转业，才终于回到了官场，被中央政府拜为侍御史。

其间，有一个关于骆宾王的典故。

据说，王、杨、卢、骆这"初唐四杰"彼此并不陌生，而且还是非常不错的朋友。比如王勃和卢照邻，两人虽然年纪相差许多，彼此却是惺惺相惜，还经常作诗唱和。而骆宾王和卢照邻呢，关系也是很铁的。

有一回，卢照邻在四川当官，和当地的一个姑娘郭氏好上了。小郭刚怀孕，卢照邻却离开她去了外地当官。

结果，小郭生下的孩子不幸夭折，这件事弄得小郭伤心欲绝。正好这时，小郭遇到了骆宾王。骆宾王听完小郭的遭遇，竟暴跳如雷："负心薄幸，这还了得？即使是卢照邻，我也不能忍。"

骆宾王当即挥笔，给卢照邻写了一封声讨书，名字就叫《艳情代郭氏答卢照邻》。其中后四句为：

> 传闻织女对牵牛，相望重河隔浅流。
> 谁分迢迢经两岁，谁能脉脉待三秋。
> 情知唾井终无理，情知覆水也难收。
> 不复下山能借问，更向卢家字莫愁。

虽然我们现在已经无法知道卢照邻读到这首诗时心里是什么感受，但骆宾王的举动被传开以后，他"爱打抱不平""爱帮痴心女子打负心汉"的名声就在官场中传扬开来。

正因为有这样的性格，骆宾王一直看不惯官场中的很多闲事，于是屡次上书讽谏，结果因得罪了同僚，被诬陷贪赃枉法，进了中央监狱。

狱中的骆宾王写下了一生中最出色的五言诗之一《在狱咏蝉》：

> 西陆蝉声唱，南冠客思侵。
> 那堪玄鬓影，来对白头吟？
> 露重飞难进，风多响易沉。
> 无人信高洁，谁为表予心。

这首诗的寓意不言而喻，骆宾王用品性高洁的蝉自喻，来对自己的含冤莫白做着无声的控诉。

好在，他的监狱生活只过了一年多。出狱以后，朝廷任命他当临海县县丞，但看惯了唐廷丑行的骆宾王没干多久便做了个决定：走人，云游四海！

骆宾王和他的谢幕传奇

世界这么大，骆宾王要去看看。当然，骆宾王要看的不是山河大地，而是已经拉起反旗的徐敬业。

徐敬业是大唐开国元勋徐茂公（也是李勣）的孙子。据说有一次徐敬业外出打猎，不知道咋的草原上突然起火。他在火势蔓延开来时，一点都不害怕，把随行的马杀了，自己藏在马肚子里，后来马肉都烤出香味来了，他却毫发无损。

这件事之后，别人都说徐敬业这小子聪明，徐茂公却认为这家伙将来会成为祸害，不知道韬光养晦，只知道卖弄本事，再这样下去，徐家少不得要毁在这小子手里。

徐茂公去世后，徐敬业袭了爵位，本想建功立业，不想却遇上了权力欲极强的武则天。武则天要打造自己的势力，免不了要任用武氏家人。愣头青徐敬业哪里晓得利害，行为上不太检点，结果被一贬再贬。到最后，他索性打着扶助中宗继位、匡复唐室的口号，想要进军长安，灭了"武妖精"。

为了使起兵更加有理有据，徐敬业让骆宾王写了一篇檄文，也就是历史上赫赫有名的《讨武曌檄》。武曌就是武则天，"曌"字是她自己造的，意思是她就像日月当空一样，普照着大唐的土地。

在这篇檄文中，骆宾王几乎是毫不留情地把武则天的老底儿扒了个干净，尤其是其中的"一抔之土未干，六尺之孤何托""请看今日之域中，竟是谁家之天下！"之句更是传诵千古。

这篇《讨武曌檄》传到各郡后，由于文采太好，引得人人争抄，弄得纸价上涨了好几倍。据说武则天看到后，丝毫没有愤怒之色，反而为骆宾王的文采折服，叹道："这样的人不能为我所用，宰相之过也。"

只不过，这场造反的闹剧只进行了不到三个月，徐敬业便兵败被杀。耐人寻味的是，骆宾王却在这场兵变中离奇消失，而成了历史上的一桩谜案。有说他被徐敬业部将王那相杀害的，有说他逃匿于今江苏南通一带的，还有说他后来削发当了和尚的。

不过无论怎样，骆宾王都把自己的一生活成了一个侠客，一个传奇。他从不委曲求全，即便是死，又有何惧。就好比他写的那首《于易水送别》：

> 此地别燕丹，壮士发冲冠。
> 昔时人已没，今日水犹寒。

凛凛风骨，跃然纸上，让千年之后的我们，仍能想见他的快意恩仇、侠骨丹心。

侠之大者，为国为民！

从问题少年到一代"诗骨"

陈子昂

陈子昂（661—702年），字伯玉，梓州射洪（今四川省射洪市）人，初唐文学家、诗人、诗歌理论家、诗文革新人物之一。因做过右拾遗，后世普遍称他为"陈拾遗"。

学霸不怕读书迟

　　张爱玲说："出名要趁早。"这是真话，也是废话。天下之人，谁不想出名？谁又不想早出名？若追究不能早出名的原因，恐怕逃不过天赋、机遇和人没省事这三个要素。

　　有的人不能早早出名，是属于还不省事型的，就像陈子昂。

　　陈子昂是个富二代，家里有的是钱，老爸陈元敬是个喜欢神仙之术的负能量传播者。在这样的家庭里出生、长大，使得陈子昂在18岁之前一直都是典型的问题少年。

　　当时的陈子昂，最不喜欢的就是读书。他的理想是鲜衣怒马、仗剑天涯，最崇拜的就是大侠。也正因此，他平常总是背一把剑在乡里四处转悠，遇到不平的事就爱吼上一两声。

终于有一天，陈子昂和一群朋友练剑时，失手打伤了一名小伙伴，差点闹出人命。这下问题大了，受伤的小伙伴不依不饶，坚决要送陈子昂进监狱改造。

在大堂之上，面对着凶神恶煞的衙役，陈子昂终于认识到：没文化，真可怕。因为不知书、不识字，他连诉状都看不完整，因此在官司中处处被动。而且更重要的是，一味地任侠好武，在别人眼中也不过是一个豪门恶少，要不得，要不得。

面对这个不省事的儿子，陈元敬最终花了二十万贯钱才摆平了官司。

就这样，出狱后的陈子昂变了。他钻进书房，开始广泛阅读各种经史和安邦治国的著作。和别人不一样的是，陈子昂有着极强的自制力，读起书来绝不会受外面任何人的打扰。

一番苦功下来，几年后的陈子昂便已经有了非凡的文学造诣，诗文写得是杠杠的。唐朝的江湖开始少了一名蹩脚的侠客，却多了一位不世出的文豪。

摔琴成名的营销鬼才

自认为书读得差不多了的陈子昂，决定带着似乎怎么也花不完的钱去长安闯荡。

其实，陈子昂并不是读死书的人，他总是有着自己的见解。例如初唐的诗坛，流行的是六朝传下来的艳丽的宫体诗风。这些诗就好像那些烂大街的小调，没什么有意义的内容。陈子昂对此颇为不屑，站出来高声喊着要抵制三俗，净化文坛空气。

陈子昂不仅是这么喊的，也是这么做的，比如他的《晚次乐乡县》：

> 故乡杳无际，日暮且孤征。
> 川原迷旧国，道路入边城。
> 野戍荒烟断，深山古木平。
> 如何此时恨，嗷嗷夜猿鸣。

诗风古朴清奇，荒原的游子只有猿声为伴，用平淡的笔墨写出了浓浓的羁旅思乡之情，确实一扫当时颓靡的文风。

只不过，这时的陈子昂还远不为人所知，也没有贵人的提携（初唐的科考还残留着举荐制的影子，有贵人推荐考中就不是什么难事），因此前两次参加科考，都以失败告终。

偌大的长安城，自己为什么会不受待见？陈子昂不甘心，他决定策划一场个人创意营销。

当时长安城的热搜话题是"有人卖琴，标价百万"。这把琴是看的人多，买的人为零。陈子昂不缺钱，便一掷千金把琴买了下来，并报上自己的姓名住址，邀请大家来自己住的地方听琴、赏琴。

摔琴成名
炒作高手

到了约定时间，陈子昂的房门前车马涌动、大腕云集。大家都想看一下这把名贵的琴，一个傻小子重金买下来后会用它弹出什么花样。

只见陈子昂抱琴出场。出人意料的是，他没有弹琴，而是把琴重重地摔在了地上。

同时，陈子昂当着大家的面高声说道："我是四川人陈子昂，有诗文 30 首，却没人懂得欣赏。这种琴只会弹靡靡之音，却那么受人追捧，留它干什么？"

说完，陈子昂把早已"复印"好的诗文发给大家，人手一份。

在场的人一看，这小子果然诗文了得。就这样，陈子昂的名声一夜之间传遍了长安城。京兆司功王适更是感叹："此人必定会成为大唐的一代文宗。"

果然，打开知名度的陈子昂的科考再也不是什么难事，第三次参加科考，一路顺风顺水，得以进士及第。

幽州台上的孤独

考中进士的陈子昂，满以为可以一展自己经世济国的抱负，谁料理想很丰满，现实却很骨感。

彼时，武则天已经独掌大权。虽然武则天也是个爱惜人才的人，但相比之下，她似乎更看重外貌。陈子昂有才，但形象不佳，最终只获了个八品的闲职。而与他同时代的帅哥宋之问，一上来就是五品。

或许是少年任侠使气的"后遗症"，陈子昂特别耿直，遇上朝廷的事也爱吼两声。结果，他因此老是遭到同僚的排斥，成了官场上格格不入的异类。

公元696年，契丹进犯大唐边境，武则天的侄子武攸宜奉命出征，陈子昂成了随军参谋。

依靠裙带关系当了统帅的武攸宜实际上并没有带兵经验，结果一战即败。陈子昂看不下去，请求给自己一队兵，以灭灭契丹人的威风。陈子昂的举动，无疑扫了武攸宜的面子。武攸宜不但不准，还把陈子昂降为看守粮草的军曹。

大军驻扎在古时燕国黄金台（今北京大兴区境内）故地。黄金台为燕昭王所建，燕昭王以此招贤纳士，不知吸引了多少英才豪杰的投奔。

对比燕昭王和武攸宜，陈子昂愤懑之情油然而生，仰天长啸：

> 前不见古人，后不见来者。
> 念天地之悠悠，独怆然而涕下！

登幽州台歌

前不见古人，

后不见来者。

念天地之悠悠，

独怆然而涕下！

800 年后，明朝的大才子杨慎看到了这句诗文，非常动容，认为这首诗简朴大气，有魏晋风骨。杨慎是当时文化圈的一哥型人物，他点赞的诗文也因此被越来越广泛地流传。后来，有人给这首诗加了个标题，叫《登幽州台歌》。由于诗文中充满了浓浓的哀伤与孤独之情，陈子昂也得以成为唐诗中哀伤与孤独的形象代言人。

大唐的"诗骨"

写完《登幽州台歌》的陈子昂，心已灰意已冷，他不想陪这些唐官唐将玩了，他要回家。

然而，小人武攸宜哪能那么容易放陈子昂一手。

回乡的陈子昂无权无势，父亲陈元敬不久也撒手人寰。陈元敬一走，陈家庞大的财富立即引来了射洪县令段简的觊觎。

在武攸宜兄长武三思的唆使下，段简罗织罪名将陈子昂下狱，随后侵吞了陈家的全部财产。而陈子昂，也最终冤死狱中。

陈子昂走了，只有一篇篇诗文留了下来。

若干年后，唐朝的另一名大诗人杜甫，来到四川，来到陈子昂曾经居住过的地方，写下了一首《陈拾遗故宅》：

> 公生扬马后，名与日月悬。
> ……
> 盛事会一时，此堂岂千年。
> 终古立忠义，感遇有遗编。

可能令陈子昂想不到的是，他的诗文已经不再需要他用金钱和精力去炒作、去营销了，他也不再寂寞、不再孤独了，甚至还有杜甫和杨慎这样的大 V、大 IP 型的铁粉为他捧场。

> 本为贵公子，平生实爱才。
> 感时思报国，拔剑起蒿莱。
> 西驰丁零塞，北上单于台。
> 登山见千里，怀古心悠哉。
> 谁言未忘祸，磨灭成尘埃。
>
> ——陈子昂《感遇·之卅五》

在后世人的眼中，陈子昂也是唐朝的"诗骨"。他的诗风骨峥嵘，大开大合地吐露着自己的心声，谈古论今地指点着江山，正如《登幽州台歌》，正如《感遇·之卅五》，我们读到的，永远是他不尽的澎湃之情和无限的潇洒之气。

唏嘘哉，子昂虽殁，诗文不朽！

谁的青春不迷茫?
请用心活成一道光!

140

才子多情

元稹

元稹（779—831 年），字微之，别字威明，祖籍河南洛阳，北魏宗室鲜卑拓跋部后裔，唐朝大臣、诗人、文学家、小说家。

年轻的"自考"进士

唐朝的元稹，可能是诗人中生前死后都有争议的一个。作为优秀学子，元稹被争议的焦点自然不是他的文章和诗，而是他的人品和官品。

不过，小时候的元稹还是非常"清白"的。他出身虽不高贵，但家境也算小康。元稹出生于长安万年县靖安坊的元家老宅。大唐长安城的人家，以朱雀大街为界，历来有东贵西富之说。这靖安坊位于朱雀大街以东第二街第五坊，便是达官贵人居住的小区。

而元稹的父亲元宽，是舒王李谊的大管家，李谊又是唐德宗李适的侄子，有权有势。靠着这层关系，元稹 8 岁以前的日子都过得很不错。

转折点出现在元稹 8 岁的时候。那年，元宽病死，元家很快就失去了经济来源，生活非常窘迫。元稹的母亲郑氏供不起儿子上学，只好手把手地教他读书写字。

好在元稹聪颖异常，十来岁的年纪就已经可以吟诗作文了，是远近闻名的才子，见过他文章的长辈无不感到惊奇。

15 岁的时候，元稹为了减轻家里的负担，决定参加科考。又为了提高录取的概率，他考了备受读书人歧视的明经科。

明经科与进士科： 唐朝的进士考试，分为明经科和进士科，明经科考的是经典背记，比较死板，也比较好考，但考这个容易被坊间人士鄙视。而进士科呢，则是千军万马过独木桥，在几千人中往往只会录取二三十人，也被读书人视为科举的正途。

从录取率上来看，唐朝考进士科的人多，但每年最多不过录取四十人，平均录取率为百分之一二；而明经科应试者少，录取率可高达百分之二十。

录取率不同，待遇自然也有差别。考中进士的人按照政府规定在外游行时，所受到的欢迎程度不逊于消灭敌国凯旋的大将。考中明经科的人则只是一张录取通知书，史册上只是随便记录下名字，有时候连名字都懒得记。如果朝中无人，明经科的人只好先到政府指定的清水衙门做文书工作，而这种工作有的人一做就是几十年。

从今天的情况来看，唐朝的明经科就好比自考文凭，跟那些正规大学出来的含金量完全无法相比。

元稹有才，考明经科实在是太容易了，一击即中。只不过，元稹进士及第后一直未被分配工作，真实地体验着被边缘化的滋味。

正是在这种情况下，元稹一边努力读书，一边在河中府漫游，同时开始了他那一段为人所津津乐道的恋情。

"始乱终弃"和"待月西厢"

元稹在河中府时，很不巧地赶上了河中的绛州节度使离世，很多兵头趁此机会发动了骚乱。

某天，元稹和母亲郑氏正在蒲州东边的普救寺里歇脚。这时，有钱的崔莺莺一家正好路过，并受到一些骚乱兵头们的要挟。在此情况下，正义心爆棚的元稹挺身而出，凭着和其中兵头相识的关系，救下了崔莺莺一家。

正是在这个机会下，元稹和崔莺莺暗生情愫。虽然在大唐没有三媒六聘的恋爱关系是不被人认可的，但这段恋情仍被元稹视为自己人生中最动情的经历。崔莺莺有才有貌又有钱，元稹还有什么不满足的呢？

不，元稹还真的不满足。因为那时的元稹，除了有文凭，其他啥也没有，而崔家虽然有钱，但在仕途上却根本帮不上他半点忙。这与元稹理想中的婚姻有一定差距。

按照唐朝的规制，明经科的进士也要通过吏部的铨选。为了功名，元稹狠心地离开了崔莺莺。而且这一走，元稹就再也没回来。

公元 803 年春，元稹顺利通过吏部考试，与大他 7 岁的白居易同科登第。两人至此结为好友，并一同被授予了秘书省校书郎的官职。此后不久，元稹又得到了三品大员京兆尹韦夏卿的赏识，还把小女儿韦丛下嫁给了他。

对于这段婚姻，求官心切的元稹并没有推辞。尽管他心里一直想着念着崔莺莺。

两年以后，这层相思终于喷薄而出，被元稹诉诸笔端，写成传奇小说《莺莺传》。而《莺莺传》里的张生，其实就是元稹自己。《莺莺传》里有一句话，叫"始乱之，终弃之"，说的也是他自己。

或许很多人对《莺莺传》还有一点陌生，但要说起《西厢记》可能就无人不知、无人不晓了。《西厢记》正是元代作曲家王实甫根据《莺莺传》中"待月西厢下"的诗句改编而来的。

据说，元稹的名诗《离思五首》也可能是写给崔莺莺的。其中第四首全文为：

> 曾经沧海难为水，除却巫山不是云。
> 取次花丛懒回顾，半缘修道半缘君。

诗中说，看过沧海水和巫山云后，其他地方的水和云就再难入自己的"法眼"了。也就是说，除了这个女子，再也没有能让自己心动的女子了。而千年以后，这首诗也成了我们赞美坚贞不渝爱情的不二情诗。

不二情书

"好官" 元稹

元稹对婚姻 "始乱终弃"，但做官却不拖泥带水。

28 岁的时候，元稹当上了给皇帝挑毛病的谏官左拾遗。在这个位置上，元稹始终刚正不阿，诚恳地劝谏着大唐帝国的最高统治者，把自己干成了唐宪宗身边的 "魏征"。

也是在这段时间，元稹和白居易共同发起了文学史上有名的新乐府运动。他们一致认为文章的作用是针砭时弊的，而不是拿来恬不知耻地给人唱赞歌的。

为此，元稹写下了一首《田家词》：

牛吒吒，田确确，旱块敲牛蹄趵趵。
种得官仓珠颗谷，六十年来兵蔌蔌，月月食粮车辘辘。
一日官军收海服，驱牛驾车食牛肉，归来攸得牛两角。
重铸锄犁作斤劚，姑舂妇担去输官，输官不足归卖屋。
愿官早胜仇早覆，农死有儿牛有犊，誓不遣官军粮不足。

农民伯伯太辛苦了，本来收成就不好，还要把粮食送到前线。送了粮食不说，家里的牛还被官军宰杀了，自己只得到两根牛角。就这样，战争还在继续，新的军输还在等着他们。

结果，爱说实话的元稹得罪了当朝宰相杜佑，也就是杜牧的爷爷，被贬为河南县尉，不久又被政府安排出使东川。而在东川，元稹也是一如既往地清廉，查处了多起冤案，也弹劾了不少不法官吏。

在这段官场不很顺的日子里，元稹的妻子韦丛死了。对这个结发妻子，元稹同样有着很深的感情。要知道，韦丛自嫁给元稹后，就没怎么过过好日子，她从被人服侍到服侍人，却欢欣雀跃没有半点怨言。

韦丛至死深爱着元稹。

韦丛死后下葬时，元稹因为有公事没法前往。为此，他写下了三首悼亡诗，这就是最负盛名的《遣悲怀三首》。其中以第二首最为有名，全文为：

昔日戏言身后事，今朝都到眼前来。
衣裳已施行看尽，针线犹存未忍开。
尚想旧情怜婢仆，也曾因梦送钱财。
诚知此恨人人有，贫贱夫妻百事哀。

当年我们开着玩笑讲起身后的事，到现在都化成了沉痛的回忆。我知道，这种死别之恨人人都会经历，但我们的死别却让我更觉哀痛啊！

由此可见，元稹对韦丛，也并非不专一。

"渣男"元稹

公元810年，元稹因弹劾河南尹房式，被召回京城。但在半路上，他却遭遇了人生中最大的侮辱，不仅被揍，还再次被贬了。

起因是官员赶路要住驿馆，元稹先来，选了一间上房。可是后来的宦官仇士良、刘士元却看上元稹的这间上房了。当时，宦官得宠，仇、刘二人因此非要元稹搬出来。元稹呢，自然不同意。

软的不行，仇、刘就来硬的。刘士元上前开始用马鞭狠狠抽打元稹。元稹被打得鲜血直流，最终也没能拗过仇、刘二人，被赶出了上房。

这件事后来还闹到了朝廷，可唐宪宗却没怪罪仇、刘二人，反说元稹有失大臣体统，将他贬为江陵士曹参军（江陵公安局局长）。

人生有失必有得。在江陵，元稹处于人生的低谷，但在文学上的成就却达至一个巅峰。在这里，他创作了最有影响力的长诗《连昌宫词》。诗文通过一个老人之口讲述大唐帝国自唐玄宗以来的政治兴衰，探索了"安史之乱"前后帝国政治混乱的缘由，具有深刻真切的思想和严肃的主题。

这段时间，他也和好朋友白居易诗文唱和，两人来往间创作的诗词竟有上百首，因此在大唐文坛上名声更盛，天下也是人人传抄，涌现出无数的"元粉"和"白粉"。他们传唱的诗作，也被人们有板有眼地称为"元和体"。

同时，元稹的"风流"史也没停过。

早先在出使东川的时候，元稹就曾邂逅薛涛。两人也曾演绎过一段"姐弟恋"，但终究还是无疾而终。

后来，元稹的好友李景俭见元稹没人照顾，又将表妹安仙嫔嫁给了他。只可惜，安仙嫔命薄，仅仅和元稹做了三年夫妻，就不幸病亡。

再后来，元稹被贬往四川，就在薛涛的眼皮子底下与裴淑结了婚。

据说，他还和虽诗才比不上薛涛，但美貌却高出薛涛许多的女伶刘采春有一段不清不楚的故事。

而正因为这份"滥情"，元稹的情史才会被后人诟病。不过，纵观元稹的一生，他也曾深情过，也曾专一过，在有妻室的情况下也不曾"出轨"过。他是否真的"滥情"，恐怕还需要打上一个大大的问号。

而老年的元稹，仕途也终于开始顺畅了。后来上位的唐穆宗因为欣赏元稹，将他提拔为祠部郎中，甚至一度将他扶上了宰相的高位。可能是被贬怕了，元稹此时开始不断钻营，于是拍马屁、贪财的事没少干，也曾经在朝廷上留下了不少臭名。

公元831年，元稹暴病而卒。按照白居易的说法，元稹是因为吃了炼成的丹药，因化学元素中毒而死的。

元稹死后，他一生的经历也成了说不清道不明的事。陈寅恪说他是个使诈小人，刘禹锡说他品行高洁，韩愈也说他是为民请命的君子。

到底是怎样的人，恐怕只有元稹自己心里最清楚吧。

一个有才德的人，
不一定非要匡时济世，
但起码要保有一股正气。

最孤独的学子

柳宗元

柳宗元（773—819年），字子厚，祖籍河东郡（今山西省运城市永济、芮城一带），世称"柳河东""河东先生"。因官终柳州刺史，又称"柳柳州"，唐代文学家、哲学家和思想家。

天才型的贵族选手

欧阳修曾在《薛简肃公文集序》中说："君子之学，或施之事业，或见于文章，而常患于难兼也。"欧阳修的意思是，这世界上的优秀学子，要么在政治上成就非凡，要么留下很多不朽的文章，但要二者兼得，基本不可能。

为此，欧阳修还举了个例子——柳宗元。

柳宗元的出身，准确地说是官八代，祖上几代人封侯拜相的不在少数。而且他们家——河东柳氏，又是名传天下的"河东三著姓"（柳氏、裴氏、薛氏）之一，享有很高的社会地位和声望。

尽管柳宗元出生的时候，柳家的势力已经大不如前，但瘦死的骆驼比马大，他们家书香门第的底子实在是太厚了，仅藏书就达到了三千卷之巨。

柳宗元没有浪费这些资源，他读书非常用功，小小年纪就显示出与他年龄完全不相符的过人才华。

柳宗元13岁的时候，朝廷中一位姓崔的高官不找别人，专门找到他，要他写一篇庆祝朝廷平定李怀光叛乱的文章。柳宗元欣然答应，而且很快一篇洋洋洒洒的《为崔中丞贺平李怀光表》就诞生了。仅仅13岁，就有如此老练缜密的文风，羡不羡慕？嫉不嫉妒？

当时的柳宗元，目标也很明确，那就是努力读书，恢复他柳家往日的荣光。

为此，柳宗元16岁的时候就进入了长安的公务员考场，并且在5年后进士及第。"三十老明经，五十少进士"，柳宗元21岁的时候就荣登皇榜。这份天赋，显然已是常人所不能及的了。

值得注意的是，在柳宗元的同科之中，还有一个比他大一岁的青年，叫刘禹锡。两人志趣相同，很快便结为莫逆之交，为后来在大唐中央"搞事情"打下了坚实的基础。

"一帝二王八司马"改革联盟

考中进士后，柳宗元又通过了吏部的铨选，从秘书省校书郎开始，一路爬到了国家纪检监察干部（监察御史里行）的位置。

但是，唐朝的官场是讲究混圈子的，没有人扶持，想再往上爬，简直难如登天。恰在这时，一个叫王叔文的人向柳宗元抛来了橄榄枝，而柳宗元也毫不犹豫地抓紧了。

王叔文当时的职位是太子侍读。陪太子读书 20 年，王叔文和太子李诵的交情非同一般。他这个人，有口才，而且围棋下得特别好，曾被封为侍棋待诏。按照柳宗元的设想，王叔文和太子有交情，日后太子登基，那他凭着这层关系想必也能进入权力中枢。

只不过，从当时的政治气氛来看，这又是很冒险的一招儿。因为李诵的地位并不牢固，他当了 26 年太子，遭受着来自不同方向的压力，以至于年纪轻轻身体状况就已经一团糟。他除了中风，话也说不利索，生活基本不能自理。他老爹唐德宗死的时候，本来大家都以为朝廷中必然有一番腥风血雨，哪知道就在这时，以前需要坐轮椅的李诵竟自己站了起来，这才顺利继承了皇位，是为唐顺宗。

柳宗元赌赢了，和他一起赌赢的还有王叔文、刘禹锡、韦执谊、韩泰、韩晔、陈谏、凌准、程异，以及毛笔字写得非常顺溜的王伾。

果然，和柳宗元设想的一样，他们这拨年轻人成了朝廷的主要决策者。

王叔文立志于改革，柳宗元和刘禹锡举双手赞成，于是大家一起打击宦官，惩办贪官酷吏，整顿财政，抑制藩镇。因为唐顺宗的年号叫"永贞"，所以这场改革又叫"永贞革新"。

如果唐顺宗身体倍儿棒，这场革新可能还会持续很久。无奈，他们摊上了一个病秧子皇帝。不到一年，在宦官、旧臣、藩镇的联合打压下，唐顺宗被逼逊位于唐宪宗李纯，而他自己，不久也活成了唐朝皇陵里的一口棺椁。

唐宪宗不喜欢这拨人，因为他们曾反对唐顺宗立自己为太子。故而，唐宪宗继位后，杀掉了王叔文，贬了王伾，把柳宗元、刘禹锡等其他八个人都降为偏远地区的"司马"，相当于剥夺了他们的政治权力。这就是大唐历史上著名的"一帝（唐顺宗）二王（王叔文、王伾）八司马"事件。

那年，柳宗元33岁。从此以后，他不再是这个世界上的人生赢家。

我已经不是人生赢家

孤独的旅游达人

被贬的柳宗元，做的是永州（今湖南省永州市）司马。

去永州，柳宗元是带着一家老小的。他或许认为，当官的被贬乃是常事，只要家族还在，大家相互扶持，命运就可以推倒重来。

然而，令柳宗元始料未及的是，仅仅在永州的第二年，他的母亲就去世了；第四年，女儿早夭；第七年，大姐、大姐夫、二姐、二姐夫陆续离世。

柳宗元越来越孤独，生活原来是一把杀猪刀啊。

而且，柳宗元的身体也是每况愈下，消化不良、视力模糊、双脚肿胀、脾脏肿大。他自己懂得一些医术，于是去市场上买了一些茯苓准备回来调理。哪知道，永州市场上卖的茯苓都是假冒伪劣产品，他吃了后病情反而越发严重。

那一年的冬天，永州下起了大雪，苍苍茫茫的大雪淹没了一切。此情此景，孤独与寂寞开始不停地咬噬柳宗元的内心。于是，他写出了那首号称传世孤绝的诗作《江雪》：

千山鸟飞绝，万径人踪灭。
孤舟蓑笠翁，独钓寒江雪。

这首诗，只有短短的 20 个字，但每一句都写尽了孤独。如果把每一句的头一个字连起来，就是"千万孤独"，这也正是此时柳宗元内心的真实写照。

孤舟蓑笠翁

"国家不幸诗家幸"。有时，个人的不幸，却是文学史上的大幸。司马是个闲官，柳宗元也因此游历了永州的山山水水，并写下了著名的《永州八记》等26篇散文。其中就包括我们熟知的《小石潭记》《捕蛇者说》。

从小丘西行百二十步，隔篁竹，闻水声，如鸣珮环，心乐之。伐竹取道，下见小潭，水尤清冽。全石以为底，近岸，卷石底以出，为坻，为屿，为嵁，为岩。青树翠蔓，蒙络摇缀，参差披拂。

就像《小石潭记》中的这段文字，孤独的柳宗元将痛苦穿过灵魂，把握住了自然景物中最独特、最精微的情态，并将它们形象地再现了出来。

山水游记，自此在柳宗元手中发展为一种独立的文学体裁。也正因如此，柳宗元还被后来的人们称为"游记之祖"。

柳宗元，柳州，柳

在永州，柳宗元无一日不梦想着回到长安。

他曾经回去过一次，但很快又被贬到了比永州还要远的柳州担任刺史。

虽然偏远，但柳宗元这次手中开始有了实际的权力。尽管有各种不甘心，他还是决定收藏起自己的个人情绪，为柳州百姓办一些实事。

例如，针对柳州街道脏、乱、差的现象，柳宗元发动当地百姓一起重新修筑城墙。他还亲自种下仙灵毗（淫羊藿），大力向柳州百姓宣传，说这是治疗脚气病的良药。为了老百姓的身体安康，他甚至亲自教大家练习华佗传下来的养生保健操"五禽戏"。

另外，柳宗元还大力修建孔庙和学堂，教柳州人读书习字，宣传儒家思想。这对柳州文风的开拓起到了极为重要的作用。

对于柳州的那些荒地，柳宗元则组织人力把它们开成菜地，或者水田，有的还种上树和竹子。柳宗元对植树造林这件事是十分认真的。据说，柳宗元曾深入研究过柳树，认为它不但能够美化环境，而且能够固牢河堤。柳宗元本人就曾经亲自在柳江边栽了大量柳树，为此还写了一首称得上是新闻稿件的诗作《种柳戏题》：

> 柳州柳刺史，种柳柳江边。
> 谈笑为故事，推移成昔年。
> 垂阴当覆地，耸干会参天。
> 好作思人树，惭无惠化传。

毕竟是文学宗师，柳宗元在柳州也没闲着。作为资深的"驴友"，他在柳州写下了《柳州山水近治可游者记》，为当地的多座山峰介绍了详细的旅游攻略。直到清代，柳宗元的这篇柳州指南依然盛行不衰。很多人都说，有了这篇文章，连路都不用问了。

只不过，无论怎样，漂泊的愁苦都折磨着柳宗元羸弱的身躯。公元 819 年冬，柳宗元最终停止了他激愤郁闷的呼喊，在异乡的柳州，带着无限的遗憾，耗尽了生命的灯油。

在生命的最后时刻，他最惦念的，是他的好友刘禹锡，希望他能代为照顾自己的孩子。

刘禹锡没有辜负他。

据说，由刘禹锡抚养的柳宗元的一个儿子很争气，后来也考中了进士。

不要放弃看似悲催的人生，
因为苍天不会辜负我们盖世的才华。

掩不住才华，争不过命运

杜牧

杜牧（803—852年），字牧之，京兆万年（今陕西省西安市）人，唐朝诗人、文学家，与李商隐合称"小李杜"。

热血有才的公子哥

有一段时间，杜甫为了提高自己的名气和声望，曾到处宣扬自己是"京兆杜氏"。"城南韦杜，去天尺五"，长安城南的韦氏和杜氏很拽，拽到离天只有一尺半的高度。有这层身份的人，走哪不会被人高看一等？

杜甫出生于河南省巩县（今河南省巩义市），是掺了水分的京兆杜氏。而杜牧呢，则是实打实的京兆人。

所以，杜牧家就很拽。

杜牧的爷爷是三朝宰相杜佑，深得皇帝敬重，甚至被唐宪宗特别允许可以不上朝坐班，隔三岔五去趟政事厅处理下公务就行。杜牧家的房子，在安仁坊，朱雀大街东边，隔壁就是皇宫。而且，杜牧家在长安城南三十多里处的樊乡还有一套别墅，修得华丽异常，是朝廷大臣喝酒吃饭休闲的绝好地方。

> 旧第开朱门，长安城中央。
> 第中无一物，万卷书满堂。
> ——杜牧《冬至日寄小侄阿宜诗》（节选）

杜牧曾谦虚地说自己家庭条件其实很一般，屋子里也没啥东西，唯一拿得出手的，就是上万卷诗书。

书多，天资好，杜牧从小就被打上了"神童"的烙印。可能是从小就站在社会的高点，又受当宰相的爷爷的影响，杜牧从小就立下了辅政的宏伟大志。为此，他不断地通过书本来武装自己，既研究历史，也研究军事。

杜牧的神作《阿房宫赋》就是在这样的情形下诞生的。

写这篇赋的时候，杜牧23岁。当时的大唐皇帝唐敬宗李湛精力旺盛，根本不管政事，最喜欢干的事情就是在夜深人静的时候，和一帮人在骊山行宫里抓狐狸。可能是觉得行宫地方还不大，抓狐狸的难度还不够，因此唐敬宗决定继续大修宫室。

喜欢看政治新闻的杜牧当然不乐意了，情之所由，便借古讽今：

> 六王毕，四海一；蜀山兀，阿房出……独夫之心，日益骄固。戍卒叫，函谷举。楚人一炬，可怜焦土。呜呼！灭六国者，六国也，非秦也；族秦者，秦也，非天下也……

通篇文字有理有据，读起来振聋发聩。这篇赋被传出去后，杜牧很快就在京城成了家喻户晓的名人，其耿直率真的个性，也赢得了很多人的赞许。

被诗文耽误的军事家

在欣赏杜牧的人中，有一个叫吴武陵的老者。他曾和柳宗元一起游玩过小石潭，是当时的太学博士，也是大名鼎鼎的清流人士。

26 岁的时候，杜牧准备参加科考。

据说，吴武陵听说后，准备提携一下杜牧这个后生。于是，他骑着小毛驴找到了和自己颇有交情的主考官崔郾。

在酒桌上，吴武陵情绪激昂地给崔郾念了杜牧的《阿房宫赋》。念完，他还满怀期许地对崔郾说："怎么样？点他为状元不为过吧？"

崔郾面露难色："状元已经被韦家的韦筹内定了。"

"既然状元不行，那前三呢？"

"前三也内定了。"

"前五总可以了吧。"

老先生话都说到这个份上了，崔郾只好点头应允。

吴武陵走后，有人对崔郾说，杜牧这个人喜欢拈花惹草，可以录取，但不应该给个好名次。

崔郾是个守信的人，说："我既然答应了吴老，那杜牧即便再怎么差，我也要让他做第五名。"

果然，那一年放榜，杜牧小中第五。

得中进士的杜牧心情不错，写下了《及第后寄长安故人》：

> 东都放榜未花开，三十三人走马回。
> 秦地少年多酿酒，已将春色入关来。

杜牧希望好友们能多准备点酒，等自己回来，一起庆祝庆祝。

之后，杜牧又通过了朝廷的制举考试，从而拥有了人生的第一份工作——弘文馆校书郎。

这是一份清闲的工作，拿现在的话来说就是历史典籍的主编。对这个工作，杜牧并不上心。其实他最想干的，是带兵。

年少的时候，杜牧就给《孙子兵法》详细做过批注，表达了自己的军事见解。彼时，大唐东南方向的淮西已经叛乱，李愬雪夜奇袭蔡州，让杜牧欣喜若狂并因此写下了多篇文章。

杜牧不知有多想像自己的先祖一样上战场，立下不世功业。只可惜，历史并没有给杜牧发挥的空间。

青楼三十年

> 落魄江湖载酒行，楚腰纤细掌中轻。
> 十年一觉扬州梦，赢得青楼薄幸名。
>
> ——杜牧《遣怀》

有人说，杜牧活了 50 岁，其中在青楼就待了 30 年。

青楼，是中国封建社会特有的产物。它有另一个名称，叫妓院。由此可知，青楼是风月场所，是社会上的人为了满足某种欲望，如观看歌舞、满足生理需求而去的地方。古代美女大多出自青楼，有才有艺的女子也大多驻足青楼，因此青楼吸引过大量社会上有影响力的人物，甚至包括宋徽宗、明武宗、同治这些皇帝，当然还有杜牧。

从前面吴武陵推荐杜牧时，旁人对崔郾说过的那番话，我们大抵已经知道杜牧年纪轻轻就和青楼有染了。

事实上，杜牧当时确实邂逅过一个红颜知己张好好。张好好乃杜牧上司江南西道都团练观察使沈传师的歌伎，不但人长得美，歌也唱得好听。只可惜，这样的美女不仅杜牧喜欢，别人也很看好。才子佳人的恋情还没正式开始，张好好就被沈传师的弟弟纳为了姜室。据说，杜牧还为此很是消沉了一阵子。

再加上当时朝廷风云变幻，甘露之变、牛李党争，令关心政治的杜牧对大唐王朝几近绝望——他要远离是非，于是一头扎进了青楼。

而杜牧的风流，被才华加持的后果就是，在浓情惬意的风月时刻，吟出震铄古今的千古名句。

公元833年，杜牧被牛僧孺请至扬州。因为杜牧以前和李德裕有过交集，牛僧孺不敢真正委派职务给他，这便给了杜牧大把流连青楼的时间。

> **牛李党争**：晚唐以牛僧孺、李宗闵等为领袖的牛党与以李德裕、郑覃等为领袖的李党之间的斗争。斗争从唐宪宗时期开始，到唐宣宗时期结束，持续了将近40年。唐武宗时，李党达到鼎盛，牛党纷纷被罢免；唐宣宗前期，李党落魄，又纷纷被贬谪。最终以牛党苟延残喘、李党离开中央而结束。

当然，杜牧从来没有隐瞒过自己对美女的喜爱，正如他写的《赠别二首》：

其一

娉娉袅袅十三余，豆蔻梢头二月初。

春风十里扬州路，卷上珠帘总不如。

其二

多情却似总无情，唯觉樽前笑不成。

蜡烛有心还惜别，替人垂泪到天明。

这两首诗说的就是他在离开扬州时，与一位少女歌伎的依依惜别。

即便如此，杜牧也从来没有忘记过他的热血和抱负。因此同样是在扬州，他可以感慨唐朝中央提倡佛教，寺庙兴盛，大大加重了国家的负担，写下《江南春》：

千里莺啼绿映红，水村山郭酒旗风。

南朝四百八十寺，多少楼台烟雨中。

也可以在秦淮河边闲逛时，为讽刺那些不汲取亡国教训的大唐统治者，挥毫写就《泊秦淮》：

烟笼寒水月笼沙，夜泊秦淮近酒家。

商女不知亡国恨，隔江犹唱后庭花。

163

风流过后是黯涩

一直以来，杜牧都不愿意介入党争。

只是杜牧曾经受到李党领袖李德裕的喜欢，后来却和牛党领袖牛僧孺走得很近。也正因此，掌权的李德裕总也容不下杜牧，哪怕他有经天纬地之才也是枉然。

现实就是如此残酷。很久以前，杜牧的宰相爷爷杜佑和权臣父亲杜从郁相继病逝，杜牧在朝中就失去了依靠，家道也日渐中落。他不再是那个人人艳羡的公子哥儿，而是一个为了生计到处奔波的普通人。

杜牧曾经多次为朝廷上书，但无论写什么，递上去之后都是石沉大海。

世人都说长安好，但在杜牧眼中，京官哪如地方官自在？

> 长安回望绣成堆，山顶千门次第开。
>
> 一骑红尘妃子笑，无人知是荔枝来。
>
> ——杜牧《过华清宫绝句三首·其一》

日月山河仍在，可曾经珍馐美馔无数的华清池，却再也不复当年，我的抱负呢？我的理想呢？生不逢时啊！

杜牧后来开始了长达7年的地方官任期，从黄州，到池州，再到湖州。这些年，杜牧也成熟了不少，已不再把全部精力投在政府的治国策略上，而是以地方一把手的姿态，为百姓做了不少好事。

终于，五十而知天命。杜牧老了，有劲无处使，他开始给自己写墓志铭：

"年五十，斯寿矣。某月某日，终于安仁里……"

之后，杜牧喊来自己的外甥裴延翰，让他把自己的文章全部拿来，准备亲自烧毁。好在，裴延翰苦苦请求，才使得杜牧的作品最终保留了十之二三。而大部分，我们都没法看到了。

但仅仅是十之二三，就出现了多少脍炙人口的佳作啊！

学习不是为了求取功名，
而是为了实现人生价值。
一个人除了有才，还应该诚实。

叽喳

叽喳

辉煌、浪漫和倒霉的人生

李商隐

李商隐（约813—约858年），字义山，号玉谿生，又号樊南生，与杜牧合称"小李杜"，与温庭筠合称"温李"，原籍怀州河内（今河南省沁阳市），后随祖辈移居荥阳（今河南省郑州市），晚唐时期杰出诗人。

学霸 ≠ 考霸

"于李、杜后，能别开生路，自成一家者，唯李义山一人。"

这是清代诗论家吴乔对李商隐的评语。其中的李义山，即李商隐。吴乔的意思是，在李白、杜甫之后，能独树一帜，创造自己独特风格的，只有李商隐了。

能得到这么高的评价，李商隐自是当之无愧的学霸。但他是考霸吗？不是。进士考试，他前前后后考了五次，而且最后一次能够考中靠的还是走关系。

李商隐出生于一个小官僚家庭，祖祖辈辈没人做过高官。这样的人家，家里一般不缺书，缺的是钱。

虽然李商隐从小就喜欢读书，但他更多的时间却是在打工。因为在他10岁时，父亲李嗣去世，家里没了经济来源，他又是家中的长子，便不得不肩负起养家的重担，比如在街上给人抄书写字，又如倒买倒卖大米，以此来贴补家用。

好在，李商隐是勤奋的。他一边抄一边学，同时接受着堂叔李处士的教导。抄书的日子，抄得越多，李商隐诗文的功底就越深厚。

公元829年，李商隐一家搬到了洛阳。在这里，李商隐受到了天平军节度使令狐楚的赏识。说实话，令狐楚对李商隐是真的好，把他当亲儿子一般对待。只是，这份亲密关系却成了后来李商隐仕途上的最大阻碍。

在洛阳，李商隐一面积极应试，一面跟随令狐楚学习。按照常理来说，有朝廷高官的抬爱，李商隐的科考之路应该更容易才对。可世事就是这么难料，李商隐从十几岁到二十几岁前后参加了四次科考，每一次都名落孙山。

公元837年，李商隐再一次打起精神参加科考。这一次中是中了，靠的却不是自己，而是令狐楚的儿子令狐绹。

因为这一年的考官高锴，正好是令狐绹的好友。一次两人一块吃饭，令狐绹故意向高锴说，自己有个朋友也报了今年的公务员考试，名字嘛，叫李商隐。

为免高锴听不清楚，令狐绹还重复了三遍：李商隐！李商隐！李商隐！

效果不错，高锴没有记错人。

想一想，李商隐寒窗苦读了十几年，诗文才华公认一流，可考试的结果呢？却要靠权贵的一句话来决定。这个结果，听起来有可能比没考中更让人伤心。

是至亲，更是冤家

也是在李商隐考中进士这一年，令狐楚过世了。

没有了令狐家的依恃，为了生活的李商隐又应邀做了泾原节度使王茂元的幕僚。

王茂元同样十分欣赏李商隐，一不嫌他穷，二不嫌他是临时工，三还愿意将他认作女婿。

李商隐原本以为，得到王茂元的礼遇，是老天送给他的又一份大礼。可他又怎么会知道，这次应邀入幕却遭到了曾经的恩公令狐一家的强力杀伐。

这里，我们需要捋一下当时的形势。李商隐生活的年代，正是牛李党争得刀刀见血的时候。在朝中的站队，令狐楚属于以牛僧孺为首的"牛党"一派，而令狐楚之子令狐绹更是后面牛党的中心人物。王茂元呢，则与"李党"领袖李德裕交好，他本人也被视为李党的骨干。

李商隐之前受惠于令狐楚，不管情不情愿，都已经被人视为"牛党"的一员。而现在呢，他成了王茂元的女婿，那自然又是"李党"了。先"牛"后"李"，本无党争之意的李商隐就这样被令狐绹视为叛徒，从此背上了"忘恩负义""脚踏两只船"的恶名。

两个恩人，两家对头。在夹缝中的李商隐进退维谷，只想安安静静地施展自己的才华。可这世间又哪会有莫名其妙的幸运呢？即使有，背后可能也早已标好了你应付出的价格。李商隐前半生收获的两份"大礼"，注定要用后半生的落魄全部偿还。

无论如何，自己选择的路，再苦再难也要走下去。

不过，天无绝人之路，每个人落魄的背后总是会夹杂些微美好。

至少，对于王茂元安排的这桩婚姻，李商隐是满意极了。小王姑娘对李商隐同样一片深情，哪怕天天吃粗粮，也从来没有过任何怨言。

> 昨夜星辰昨夜风，画楼西畔桂堂东。
> 身无彩凤双飞翼，心有灵犀一点通。
> 隔座送钩春酒暖，分曹射覆蜡灯红。
> 嗟余听鼓应官去，走马兰台类转蓬。
>
> ——李商隐《无题·昨夜星辰昨夜风》

> 君问归期未有期，巴山夜雨涨秋池。
> 何当共剪西窗烛，却话巴山夜雨时。
>
> ——李商隐《夜雨寄北》

李商隐感恩妻子、感念妻子，几乎每一次离家都会生出一缕相思，也会留下一首浪漫的诗篇，正如上面的《无题·昨夜星辰昨夜风》和《夜雨寄北》。

不得志与倒霉先生

夹在"牛党"和"李党"中间的李商隐，仕途怎一个"惨"字了得！他后面的履历，基本上不是在待业，就是在失业。

要知道，王茂元死后，李商隐不管做什么都会被攻击，不管说什么都会被全民怒怼。这使得李商隐越来越沉默，心情抑郁到谷底。

好想好想你

公元 847 年，好不容易等来"李党"成员桂管观察使郑亚的召唤，可在职时间仅仅一年，郑亚就接到朝廷贬官的诏书。这时的郑亚于李商隐，就像一顶保护伞。伞破了，伞下的人当然各自飘零。也就是说，李商隐失业了。

待业 3 年，李商隐才得到武宁节度使卢弘止的垂青，结果又仅仅在职一年，卢弘止就死了。李商隐继续待业。

也是在这一年，小王姑娘病逝。李商隐本来不知有多想为妻子挣得一份体面的生活，可事实呢？他心爱的女人却只能在流离与困顿中度过，就好像那首《无题》中的春蚕：

　　　　相见时难别亦难，东风无力百花残。
　　　　春蚕到死丝方尽，蜡炬成灰泪始干。
　　　　晓镜但愁云鬓改，夜吟应觉月光寒。
　　　　蓬山此去无多路，青鸟殷勤为探看。

又一年后，李商隐接到梓州刺史柳仲郢的邀请，远赴梓州（今四川绵阳）做了柳仲郢的幕僚。

终于，李商隐安稳地度过了试用期，又安稳地上了班。

不久，柳仲郢任满回京。李商隐追随其左右，被安排为盐铁推官。

又回到了长安，又可以去长安城南的乐游园散心了。可对李商隐来说，人生的高光还能绽放多久呢？自己历经岁月摧残的身躯又还能坚持多久呢？

　　　　向晚意不适，驱车登古原。
　　　　夕阳无限好，只是近黄昏。
　　　　　　　　　　　　——李商隐《登乐游园》

不得不说，夕阳真的很好看，可对我这样一个失意的人来说，它已经接近黄昏，留不住了啊！

曲终《锦瑟》

在柳仲郢的幕府，李商隐的工作做得还是非常出色的，只不过他有一个让柳府上下都很诧异的行为，就是从来没笑过。

李商隐的心，真的是被伤得透透的了。

当时，经常有一些高僧进出柳府，李商隐也因此与佛结了缘。

据说，李商隐曾经得了眼病，请了不知多少医生也看不好。最后还是智玄大师让他常习经书，虔诚不怠，才终于转危为安。为此，李商隐才对佛法深信不疑。

也是在那一时期，李商隐真正放下了。

残阳、落叶、寒霜，本就生来无常，大千世界在得道之人眼中永远像微尘一样渺小和空幻。如此来看，这世上还有什么爱与恨、苦与乐呢？

公元858年，李商隐辞官回乡。这一次，他没有忧郁悲伤，代之而起的是释然和轻松。

相传，每一个人在将死之时，都会将自己生前的经历完整地过一遍。李商隐回乡不久即卧病床榻，相信他每一天每一刻，可能都无法不回忆起自己的一生。终于，他所有的欣喜惆怅都凝结成了一首《锦瑟》：

> 锦瑟无端五十弦，一弦一柱思华年。
>
> 庄生晓梦迷蝴蝶，望帝春心托杜鹃。
>
> 沧海月明珠有泪，蓝田日暖玉生烟。
>
> 此情可待成追忆，只是当时已惘然。

这首《锦瑟》成了诗歌史上最难索解的一首诗。自成诗以来，不知有多少人为它痴迷，也不知有多少人想要了解它想要表达的真正含义，但直到今天，也没有一个人能宣称，他读懂了李商隐想要真正表达的内容。诗家也有"一篇《锦瑟》解人难"之说。

李商隐死后，挚友崔珏在《哭李商隐》诗中说他"虚负凌云万丈才，一生襟抱未曾开"。这是事实，李商隐有大才，一生理想却从未实现。不过好在，唐朝的学霸爱写诗。也正因此，李商隐的愤懑、抑郁、不得志，才有了抒发之地，也才留下了一首首令人荡气回肠的诗篇。

庄生晓梦迷蝴蝶

自信起来，
自信才是命运的主宰。

大唐有鬼才

李贺

李贺（790—816年），字长吉，河南府福昌县昌谷（今河南省宜阳县）人，后世称李昌谷。祖籍陇西郡，唐朝中期浪漫主义诗人，其诗作想象力丰富，经常应用神话传说来托古寓今，所以后人常称他为"鬼才""诗鬼"。

被"上帝诅咒"的神童

英国文学家毛姆认为，这个世界上，有一种天才是受"上帝诅咒"的。他的意思是一个人生来本来有着极高的才华，但这份才华放在他身上，却根本不是赏赐，而是痛苦的折磨。

在毛姆的笔下，《月亮与六便士》中的高更就是这样。而在我国的中唐，诗人李贺也是这样。

李贺是天才。据说他5岁的时候，别的小朋友玩泥巴，他却经常跑到坟场里研读墓碑上的文字。7岁的时候，他就能写得一手好诗，并且已经在大唐文人中拥有一定的名气了。

照说有这样优秀的孩子，父母心里必定是乐开了花。然而恰恰相反，李贺的母亲却极其不安，每天都在发愁李贺要是因为吟诗苦学而拖垮了身子怎么办。

因为李贺从小就体弱多病，长得非常纤瘦。而且比较奇特的是，他手指奇长，两条眉毛还是连在一起的。

中国古代讲面相学，其中有一种说法是，通眉的人大多都比较倔强。李贺确实挺倔，他喜欢写诗，虽然老母亲多次不让他写，但他就是不听。

诗歌是我的终生信仰

据说，小小的李贺平时出行总带着一个小书童，骑着一匹瘦驴，背着一个破旧的袋子。有时走在路上，灵感一来就写上两句诗，放在袋子中。

晚上回到家里，母亲让婢女拿出他放在袋中的诗稿。见诗稿很多，她总会非常心疼地对他说："傻儿子啊，为了写诗，难道你非得要呕出心肝来才算完吗？"

李贺母亲的担心并非没有道理。17 岁的时候，李贺就已经两鬓斑白了。少年的身体，老年的容颜，或许这就是老天对李贺的诅咒之一吧。

只是，谁叫李贺那么热爱诗歌呢？对他来说，诗就是一团火、一股气，引导着他憋着一股劲儿要把全部身心应用于创作中。

与科考无缘的少年

18 岁时，李贺与韩愈结缘。

唐朝张固在《幽闲鼓吹》中说，有一天，李贺带着自己的作品去拜谒韩愈。当时，韩愈已经要入睡了，极不耐烦地接过门人递上来的李贺的作品《雁门太守行》：

> 黑云压城城欲摧，甲光向日金鳞开。
> 角声满天秋色里，塞上燕脂凝夜紫。
> 半卷红旗临易水，霜重鼓寒声不起。
> 报君黄金台上意，提携玉龙为君死。

韩愈每看一字，困意就消掉一分，到最后觉也不想睡了，马上让门人把这个青年奇才给请进来。经过交谈，韩愈被李贺深深吸引。他笃信面前的这个年轻人只要走出去，必定会光芒四射，就像初升的太阳一样照亮整个大唐的朝堂。

可惜，韩愈的预言只对了一半。

彼时的韩愈极力劝说李贺参加科考，李贺本人也很想在科考中验证自己的才华。

李贺先是参加了河南省的府试，成绩非常好。到了年底，李贺本来想趁热打铁参加进士考试。哪承想，正在兴头上的李贺却遭遇了一个非常奇葩的挫折。

府试：唐朝的科举制度，第一阶段是府试，也称乡试，由地方政府主办，考中者为贡生，意思是把人才贡献给朝廷。贡生再参加礼部试，考中的才是进士，意思是地方向朝廷"进"的"士"。

兴许是李贺过于优秀，引起了不少人的嫉妒。因此就有人向主考官打小报告，说李贺的父亲叫李晋肃，名字中有个"晋"字，"晋"与"进"同音，李贺要参加进士考试，就是不避讳，是对他父亲的大不敬。

避讳：古代为了维护等级制度的尊严，人们说话写文章时遇到君主或尊亲的名字都不直接说出或写出，以表尊重。这为的是避免有人利用名字进行人身攻击，而冒犯君主或尊亲超然的地位。

179

唐朝人是很注重避讳的。一般来讲，考生在考卷中不能写出与君主或尊亲的名讳相同的字，而必须以其他字代替。比如唐太宗叫李世民，那么考生遇到任何"民"字都不能写，而要用"人"来代替。而且，唐律中还规定，如果官职中有冒犯尊亲名讳的地方，也不能当这个官。比如，一个人父亲的名字中有个"安"字，那他就绝不能当长安县令。

而李贺呢，只不过因为父亲的名字，就不能参加进士考试，显然是被人利用了"避讳"制搞的擦边球，实在是过于牵强。但不论怎样，李贺最终还是失去了参考的资格。而且可以说，李贺这一生都不会再与科考结缘了。看，又是一个老天对李贺的诅咒。

李贺是什么心态呢？"长安有男儿，二十心已朽。（《赠陈商》）"我不开心，我非常不开心，我好愁，我真的好愁。

不开心的不只李贺，还有韩愈。听说了这件事的韩愈，专门写了一篇《讳辩》给李贺鸣冤，说要是仅仅因为父亲名字中的一个字就不能参加进士考试，那么要是父亲名字中有个"仁"字怎么办？那他的子女是不是不能做人呢？

鬼才鬼诗

有人说，祸福其实是相依相存的，人生的悲剧有时候恰恰就是文艺创作的温床。有很多人，都是经历过悲伤的洗礼，才创造了激荡人心的作品。

李贺爱诗，也很专注于写诗。他的这种性格可能本来就不属于官场，只属于文坛。但李贺又是与常人不同的李贺，他的诗也与别人的诗很不一样。因为我们在他的诗中，很少能看到平常人那样的忧郁和悲伤，而是一种让人打寒战的鬼气森森。

科场失意的李贺，一度曾凭韩愈的推荐谋了一个奉礼郎的小官。李贺在这个职位上干了3年，眼见升迁无望、功名不成，加上妻子病亡，自己百病缠身，干脆辞了官，去了南方"云游"。

也是在这段时期，李贺创作了大量的诗歌，比如《李凭箜篌引》：

> 吴丝蜀桐张高秋，空白凝云颓不流。
> 江娥啼竹素女愁，李凭中国弹箜篌。
> 昆山玉碎凤凰叫，芙蓉泣露香兰笑。
> 十二门前融冷光，二十三丝动紫皇。
> 女娲炼石补天处，石破天惊逗秋雨。
> 梦入神山教神妪，老鱼跳波瘦蛟舞。
> 吴质不眠倚桂树，露脚斜飞湿寒兔。

诗中描写的是一位伶人李凭精湛的乐技，琴声一起，石破天惊。这首诗写成后，经常被人们拿来和白居易的《琵琶行》相比较。从写作功底来说，两人不相上下。但如果我们细细品读就会发现，白居易《琵琶行》中的悲伤，是人间的悲伤，而李贺的《李凭箜篌引》中，虽然不见一个"哀"字，整篇却透着一股鬼气般的浓浓凉意。

从奉礼郎的职位上下来，李贺难掩心中的伤痛，又将这份伤痛一点一滴地化在了《金铜仙人辞汉歌》中：

> 茂陵刘郎秋风客，夜闻马嘶晓无迹。
> 画栏桂树悬秋香，三十六宫土花碧。
> 魏官牵车指千里，东关酸风射眸子。
> 空将汉月出宫门，忆君清泪如铅水。
> 衰兰送客咸阳道，天若有情天亦老。
> 携盘独出月荒凉，渭城已远波声小。

李贺用金铜仙人临去时的"潸然泪下",抒发着自己家国之痛和身世之悲交织的凝重感情。尤其是一句"天若有情天亦老",许多诗词大家都承认,这是写尽人间沧桑的千古第一绝句。

　　借用神鬼意象,抒发心中感怀,在中国诗词史上,李贺称第二,就没人敢称第一。

万般皆是命，半点不由人

瘦弱的身躯，加上因创作透支的才华，似乎预示着李贺终究逃不过早夭的命运。就像大提琴家杜普蕾弹奏的曲子被人们称为天乐，但却有人断言："能弹这样曲子的人，一定不会长寿。"

而李贺的生命，比杜普蕾更短，定格在了 27 岁。

在南方云游时，李贺曾去拜访了苏小小墓，同时写下一首《苏小小墓》：

> 幽兰露，如啼眼。
> 无物结同心，烟花不堪剪。
> 草如茵，松如盖。
> 风为裳，水为佩。
> 油壁车，夕相待。
> 冷翠烛，劳光彩。
> 西陵下，风吹雨。

苏小小是南朝齐朝的名妓，美貌而多文采，曾与当时的才子阮郁有过一段甜美的爱情。只可惜，曾经的山盟海誓始终抵不过世情的凉薄。阮郁做官后便残忍地抛弃了苏小小，使得苏小小最终身染重病，香消玉殒。

对于李贺的这首《苏小小墓》，有人说，真的不敢多读，因为越读就越有鬼气阴森的惊悚。不读还好，读完以后，仿佛身边的幽兰、烟花、青草、微风、溪水，到处都附着死去的苏小小的影子，骇人得很。

或许李贺觉得，在整个大唐都难觅知音，而唯独这个 200 多年前的苏小小，才是懂他的吧。因为他们，都曾遭遇过人世间太多的不公。

云游归家以后，李贺大部分时间都是在家种田。只可惜他不是壮劳力，整日都在为生计发愁。后来，生活实在是过不下去了，他也就病倒了。而这一病，就再也没有起来。

据说，李贺快要死的时候，曾经在大白天里见到一个穿着红色衣服的仙人，驾着苍龙，手里拿着一块木板，上面写着远古时代的文字，到李贺床前说是要召唤李贺去天庭。

李贺下床，跪着对仙人说："我母亲已经年老，我还生着重病，我现在不能去啊。"

仙人哈哈大笑，对李贺说："天帝刚刚打造了一座白玉楼，现在是要来召你去为楼写记的。天上的生活，可快乐了，并不痛苦啊。"

我们不知道，如果真有这样的事，李贺会如何选择。但不管怎样，李贺虽然没有活出人生的长度，但却活出了人生的宽度。他的诗文，永远停留在我们的历史里，被人传唱，被人吟诵。

人间值得吗？不值得。

人间值得吗？值得。

命运不由人，
但选择由人。

公认的文豪，落榜的书生

温庭筠

温庭筠（约 812—866 年），原名岐，字飞卿，太原祁县（今属山西）人，唐代诗人、词人，被尊为"花间派"之鼻祖。其词注重文采和声情，在晚唐冠绝一时。

屡试不第的才子

在晚唐，有一个人一生都在踽踽独行，用毕生的精力探索着个体的力量与时代博弈的结局。他好像从来都不在乎输赢，既洒脱又豪放。

他叫温庭筠，参加科考四五次，全部落榜。

不是温庭筠无才，相反，他是所有人公认的大才子。据说他小的时候就才气附体，一口气能写上万字的文章，既能填词度曲，又擅长吹笛，和当时的另一名大才子李商隐齐名，并称"温李"。

精通乐理　才气附体

温庭筠还有个特点，就是考试答题从不打草稿。那时候，唐朝科考最爱考八句的律诗，温庭筠的标志动作就是把手笼在袖子里，信口吟诵，又一下手就成一韵，人送外号"温八叉"。

本来，凭温庭筠的才情科举中第并非难事，但命运却连续跟他开了几次玩笑。

第一次考试，卷都交了，但是考官政审时发现他与太子李永的关系不一般。那时候，唐文宗的新宠杨贤妃因为担心太子李永继位，而对自己的权势、身家性命构成威胁，便多次在唐文宗面前诋毁李永。唐文宗因此大怒，认为李永不检点，并软禁且间接逼死了李永。温庭筠受此牵连，不第。

第二次考试，稍微幸运一点，本来考官是把他拟为第二名的。可那个时候，朝廷上"牛李党争"闹得沸沸扬扬。负责考试的牛党一派政审时发现，温庭筠有个远亲叫姚勖，而姚勖又是李党李德裕的门生。温庭筠受此牵连，又不第。

第三次考试，温庭筠虽然政审没问题，但他对科考已经有了情绪。恃才傲物的他在答完卷后，便主动给别人当"枪手"，即替别人答卷。在监考官沈询的眼皮子底下，温庭筠通过暗语、手势、表情等肢体动作，成功帮助了考场上的八个人。沈询见温庭筠左顾右盼，动作很不稳定，认为温庭筠考试态度有问题，一怒之下便将其驱逐出了考场。温庭筠再不第。

此后，"钉子户"温庭筠还曾参加过一两次科考，结果仍然是不第。

谁说貌丑当不了偶像

因为当"枪手"的关系，温庭筠科考不成，还在政府上下落了个不好的名声。甚至连皇帝都下诏说他"徒负不羁之才，罕有适时之用"，意思就是这家伙有才不假，但要堪当大用，没门。在这种大环境下，温庭筠被吊销了"首都暂住证"，调往外地成了一方县尉，余生再也没怎么回过长安。

没办法安邦治国，温庭筠只好散心江淮，和其他一些不得志的文人士子混在一起，饮酒赌博，花眠柳宿，并摇身一变成了江淮秦楼楚馆歌女们眼中的第一"红人"。

不过，和红人并不相配的是温庭筠的相貌。

传说温庭筠大耳、肉鼻、阔嘴，人送外号"温钟馗"。潜台词就是他这人丑得没法形容，甚至连鬼都怕，是拿来做门神的好料，贴在门上，可以起到避邪镇宅的作用。在古代，钟馗就是民间门神的首选嘛。

温庭筠的丑，甚至延续到了他的后代。孙光宪在《北梦琐言》中记载了一个故事，说温庭筠的孙子温颛在巴蜀的临邛一带游历，想给当时的州牧当个门客，但因为长得太像温庭筠，州牧觉得以他这副尊容会影响市容，便婉拒了。

好在，丑又怎样？很多有追求的歌女看的都不是脸，而是气质，是"腹有诗书气自华"。

温庭筠喜欢给歌女们填词，其中最切合歌女实际的就是以"爱情"为题材的词曲。温庭筠似乎是女性天生的蓝颜和闺蜜，他的词能把女子的离别之情、相思之意、爱慕心思、闺中仇怨的情绪表达得淋漓尽致。因此温庭筠也快速成为顶流，大街小巷都在传唱他的词曲，并掀起一股温词热。明人汤显祖甚至说当时"人人读花间，少长诵温词"。

温庭筠有多受歌女欢迎，可想而知。

当时的知名歌女鱼幼微，比温庭筠小了30多岁，在10岁时被温庭筠收为弟子，并深为温庭筠的才情所折服，不可遏制地爱上了他。

腹有诗书气自华

189

只可惜，温庭筠终究觉得名分难逆，便婉拒了鱼幼微，并将她介绍给了另一位才子李亿。只是，识交李亿后的鱼幼微过得并不顺意。李亿的原配妻子心生嫉妒，不久又把鱼幼微赶去了道观。鱼幼微也从此易名"鱼玄机"，成为中国晚唐最有名的女词人之一。

温庭筠的两副面孔

温庭筠终其一生，都没有在仕途上有过太多建树，反而是不断地招致嫉恨、打压。这种人生的悲剧，归根结底与其渴求仕途畅达但又恃才傲物、蔑视权贵的矛盾性格是分不开的。

唐武宗时，温庭筠曾出入李党中人李德裕、李绅门下，后来看到牛党专权，又转向牛党的令狐绹父子，希望令狐绹能把他引荐到朝中做官。同时，他又常常与令狐绹之子令狐滈一起寻欢作乐。这种两面讨好的状态，让温庭筠受到了更多朝中官员的诟病。

温庭筠巴结权贵，傍"大腿"的做法并没有使得他在仕途上顺风顺水。不过，值得肯定的是，他始终还是坚持着内心的曲直和好恶，表面上虽然讨好权贵，骨子里却是蔑视权贵的。

晚唐的唐宣宗是位音乐爱好者，经常创作美妙动人的新曲，尤其喜欢《菩萨蛮》。令狐绹为了投其所好，便请温庭筠写了一曲《菩萨蛮》，以自己的名义上呈给唐宣宗，并且嘱咐温庭筠："你可千万不要把我找你代写的事情说出去哈。"

果然，唐宣宗看到这曲《菩萨蛮》后大加赞赏，令狐绹也得意洋洋。

可转过身来，温庭筠就把令狐绹找自己当"枪手"的事情传了出去，街坊里巷竞相鼓噪，一时成为大唐娱乐版的头条新闻。

不仅如此，有一次令狐绹向温庭筠请教一个历史典故。温庭筠当面嘲笑令狐绹："连这都不会，你真是读书太少了，没文化，真可怕。"

这让令狐绹颜面尽失，大喊温庭筠："你小子有才无行。"

这样一来，温庭筠和令狐绹的关系也坠入冰点，仕途更没啥指望了。

小山重叠金明灭，鬓云欲度香腮雪

从温庭筠的人格来看，他的舞台，永远不会在官场，只会在柳巷。

作为一个读书人，温庭筠不缺理想与才华，但他放浪成性、散漫成习、尽兴而活的品性注定会使他得罪权贵、处处受人压制。对于官场，他终究还是缺了一些世故和圆滑。

但和官场的狡诈比起来，柳巷却是真实的，广漠的民间也是真实的，因为这里的声音不会刻意被人掩盖。

> 晨起动征铎，客行悲故乡。
> 鸡声茅店月，人迹板桥霜。
> 槲叶落山路，枳花明驿墙。
> 因思杜陵梦，凫雁满回塘。

温庭筠的这首《商山早行》一直以来之所以为人们所传诵，

就在于它通过鲜明的艺术形象，真切地反映了封建社会一般旅人"早行""思乡""道阻"的共同感受。

温庭筠作品中对歌女的人文关照也是真实的，就像他的《菩萨蛮》：

> 小山重叠金明灭，鬓云欲度香腮雪。
>
> 懒起画蛾眉，弄妆梳洗迟。
>
> 照花前后镜，花面交相映。
>
> 新帖绣罗襦，双双金鹧鸪。

这首词以细腻的笔触描写女子起床梳洗时的娇慵姿态，以及妆成后的情态，暗示了人物孤独寂寞的心境。全词成功地运用了反衬手法，委婉含蓄地揭示了人物真实的内心世界。

据不完全统计，温庭筠一生以女子为题材的词就有七十余首，堪称女子心声的最佳代言人，和现代社会的李宗盛有得一拼。

当然，成就温庭筠的，不也正是这些真实且含蓄婉转、艳丽无匹的"花间词"吗？

花间词：一种活跃在晚唐和五代的中国词派，因它的来源《花间集》得名。以温庭筠为鼻祖。词风香软，多落在闺房。一般来说，词以长短分类："慢词"最长，自九十至二百多字，亦称"长调"；自五十九至九十字为"中调"，五十九字以内为"小令"。

工作和事业，需要的不仅是智商，更多的是情商。

有资本，才敢狂

杜审言

杜审言（约645—708年），字必简，祖籍襄阳，生于河南巩县（今河南省巩义市），杜甫的祖父，唐代诗人，擅长五言律诗，尤其在格律方面十分严谨，被后人评为中国五言律诗的奠基人。

杜甫的学霸爷爷

诗圣杜甫之名冠绝古今，平生写了很多空前绝后的律诗神作。别人问他为什么能把律诗写得这么好，他说这是"甫之家传"，言下之意为写律诗是他们家的特长。而且杜甫还特别提到了他的爷爷，说"吾祖诗冠古"，意思就是我爷爷写的诗前无古人。

杜甫没有说大话，他的爷爷杜审言确实很牛。

杜审言家世显赫，出生于当时有名的望族京兆杜氏，祖上做过大官的人不计其数。例如西汉御史大夫杜周，西晋政治家、军事家杜预，等等。

在家庭环境的熏陶下，杜审言自小便熟读经书，文采斐然，尤其擅长五言诗。当时，有人将他与李峤、崔融、苏味道并称"文章四友"。而在四人中，杜审言尤排第一，足见他小小年纪就名声在外。

杜审言20岁左右就前往京城参加科举考试，曾写下一首七言《春日京中有怀》：

> 今年游寓独游秦，愁思看春不当春。
> 上林苑里花徒发，细柳营前叶漫新。
> 公子南桥应尽兴，将军西第几留宾。
> 寄语洛城风日道，明年春色倍还人。

这首诗颇具流动性，把失落与愁绪都淡淡地说了出来，从中也可以看出杜审言的才能。

之所以有失落与愁绪，是因为杜审言刚开始没有考中。但是因为家族的关系，他21岁时还是被州县征召为幕僚官。当然，起点是低了点，但这又怎么样呢？张仪不是只要舌头还在，就知道未来可期吗？我杜审言才华出众，难道还怕没个未来吗？

果然25岁时，杜审言通过发奋读书，终于考中了进士。这在唐朝人里绝对属于较早成名的一类。虽然他所处的时代，政府对进士科的重视还远远不如中唐以后，但至少杜审言已经获得了正式的仕宦资格。

众所周知，人一出名，就很容易"飘"。有家世、有才华，年纪轻轻又考中了进士的杜审言也不免其俗。而且，他不仅"飘"，还恃才傲物，连说话行事都"狂"了起来。

历史不『蕉绿』——大唐学子列传

大唐第一狂人

考中进士后的杜审言，最开始是汾州隰（xí）城尉，后来又到过巴蜀、江淮。20多年中，他做的官不是县尉就是县丞，在"文章四友"里，官职可以说是最低的。

这一点，和他的性格有极大的关系。他眼眶子高，自我感觉好到了极点，看谁都瞧不起，是个地道的毒舌。

在常州做江阴丞时，杜审言写下了他一生中最有名的诗作《和晋陵陆丞早春游望》：

> 独有宦游人，偏惊物候新。
> 云霞出海曙，梅柳渡江春。
> 淑气催黄鸟，晴光转绿苹。
> 忽闻歌古调，归思欲沾襟。

这首诗写初春的感受，诗中悲喜转换迅速，流连春光，喜欢春天的普惠大地，但又为不能住在家乡和乡亲们一起观赏而遗憾。这样的诗，确实能显示出杜审言五言律诗的艺术魅力。

正因如此，杜审言才常常说："吾文章当得屈、宋作衙官，吾笔当得王羲之北面。"意思是说，论写文章，就是屈原、宋玉，也只配给我打下手；论书法，就是王羲之也只配做我的学生。

公元697年，杜审言参加政府的铨选，主考官则是同为"文章四友"之一的苏味道。

刚考完，杜审言便雄赳赳气昂昂地走出考场，还逢人就说："味道必死。"

大家都不名所以，这苏味道明明生龙活虎的，一点毛病没有，怎么会"必死"呢？

看着一群人疑惑的小眼神，杜审言这才解释："他看到我的文章写得这么好，肯定会羞愧得找根绳子吊死。"

原来，他是吹嘘自己的文章写得非常精彩呢。杜审言的狂，由此可见一斑。好在苏味道和他的交情还不错，不然两人非得结下仇怨不可。

狂，是要付出代价的

"枪打出头鸟，刀砍地头蛇"。可以想象，杜审言不知检点的狂会得罪多少官场中人。因为得罪的人太多，杜审言也常被上司找碴儿修理。

有一年，杜审言又从副县级干部降成了科级干部，成了吉州（今江西吉安）司户参军。

杜审言在吉州的时间不长，却因为一起轰动全国的大案而得到了广泛的关注。

当时，杜审言狂性不改，把上司周季重、同事郭若讷得罪得够呛。两人当然没有苏味道的好脾气，于是构陷出一个罪名，将杜审言下狱，准备找借口把他杀了了事。

杜审言有个儿子杜并，当时只有 16 岁，知道救父无望，竟做了一个惊天动地的决定。

一天，周季重正举行宴会，杜并不请自来，同时衣服袖子里还潜藏了一把利刃。

当时，没有人把这个果断刚烈的少年放在眼里。等到酒会结束，杜并突然掏出利刃，刺向喝得晕晕乎乎的周季重。周季重当即中刀，轰然倒下。

而在一片混乱中，杜并也被回过神来的周季重方的人杀害了。

这起血案，震动了朝野。那会儿正是武则天主政的时期，她听说后，下令将杜审言带到京城亲自审问。好在，武则天还是个明白人，知道事情的缘由后，无罪开释了杜审言，并将他留在了京城，做了不大不小的京官。

唐代是崇尚孝行和侠道的时代，杜并为父报仇最后殒身遇难，立即引起了舆论的普遍同情。据说，当时这起血案发生后，没有人不称赞杜并的。就连周季重临死时也说："我不知道杜审言有这么一个孝子，是郭若讷把我害了啊。"

杜审言的狂傲资本

人性是复杂的。杜审言清高自傲，后来却亲近逢迎了一些佞臣，如张易之等。等到张易之倒台，杜审言又两次被贬，可以说一生就没好好地、正常地做过京官。

不过，虽然杜审言对上司的态度发生过变化，但他的狂却是刻在骨子里的。

公元708年，杜审言病死在长安。据说在他病危的时候，他的一干好友宋之问、武平一前去探望，杜审言还曾对他们说："我这一辈子做人做到这个份上，没什么可遗憾的了。我要是活着，才学名声就会一直压着你们，让你们出不了头。现在我要死了，对你们来说，其实是好事，你们终于有了出头之日呀。但让我难以瞑目的是，在我的后辈中，至今还没有发现能够接我才华的班的人。"

一席话把宋之问等人说得面面相觑，个个心里一千个"切"字在奔腾。

但是话又说回来，杜审言狂是狂，文学成就却一点也不假。在诗歌由初唐走向盛唐的历史过程中，他是继往开来的重要人物，对诗歌的发展起到了重要的桥梁和纽带作用。

杜审言五言律诗的格律非常严谨，为唐代近体诗的定型做出了重要的贡献，完成了我国五言律诗的规范化转变。就像那首《和晋陵陆丞早春游望》，对仗工整，平仄和谐，韵脚分明，被明代的文学批评家胡应麟称为"初唐五律第一"。

当然，不得不说的是，杜审言临终时的判词并不准确。在他的孙子辈中，还是出了一个名头比他更大的人——杜甫。如果杜审言开眼，知道自己的孙子能在诗歌上获得那么大的成就，恐怕也会捋着花白的胡子说一句"吾孙诗冠古"吧。

忆往昔，真不该逞口舌之快。
做人还是要谦逊低调些。

第三章　闪耀不止文坛

白衣宰相，四朝元老

李泌

李泌（722—789 年），字长源，祖籍辽东郡襄平县（今辽宁省辽阳市），生于京兆府（今陕西省西安市），唐朝中期政治家、谋臣、学者。

京兆神童

电视剧《长安十二时辰》中有个叫李必的，手段犀利、杀伐果决，是典型的人精，其原型就是李泌。

李泌后来被称"山人宰相"，是实打实的中唐谋臣奇才。关于他降生的传说也多，比如有说他可以蹑空而行的，家里人怕他飞走，给他喝了黑狗的血，他才没有了异状。

据说李泌 3 岁时，本来早过了咿呀学语的年龄，但却连"娘"也没喊过一句，秉持了沉默是金的原则。就在家人快要绝望时，奇迹发生了。

有一天，李泌擅自溜达到父亲李承休的书房，顺手从架子上拿下一册《吕氏春秋》，竟然翻开书本张口成诵，字正腔圆，掷地有声，仿佛已经诵读了千遍万遍。

李家人又惊又喜，惊的是李泌三年不开口，开口便成诵；喜的是养了三年的"智障"孩子，竟是个超级宝贝。待李泌朗诵完毕，激动的李承休一把将李泌揽入怀中，念念有词道"令李家有望，门第生辉的，必是此儿"。

而小时候的李泌，也确实有才。当其他同龄孩子还在玩泥巴时，他就已经开始作诗吟对、舞文弄墨了。

李泌不仅头脑软件好，身体硬件也很棒。据说他有一种特异功能，就是能够在家里屏风、熏笼上站立或行走，身轻如燕。

李泌 7 岁时，唐玄宗在勤政楼设"大酺（pú）"（古代皇帝为表示举国欢庆，特地举行的大型餐饮活动），悉召对儒教、佛教、道教有研究的学者登台，希望能够从这次活动中选拔出英年才俊，为朝廷储备干部。

这次大酺，李泌也参加了。唐玄宗以围棋为名，出题"方圆动静"，让李泌赋文一篇。结果李泌略一沉吟，脱口即诵："方如行义，圆如用智。动如逞才，静如遂意。"意思是说：处世方正就像施行道义，办事圆活就像运用智慧。行动时好像在发挥才能，静止时好像已达成意愿。此诗句句不离棋意而无棋字，但立意已经远超棋局，涉及道义智慧，可以说既有玄机又有巧智。

凭此"处女作"，李泌一炮而红，不仅得到唐玄宗的赏识，还被当时的宰相张说看重。张说时不时地就要和这个小朋友讨论一番哲学。

再大一点儿，李泌又结识了宰相张九龄，并被张九龄称为"小友"。甚至后来，连太子李亨都和他结成了好友。

京兆神童

功高也离职

李泌成年以后，无意于仕途，又因智商过剩，整天喜欢研习道法，嵩山、华山、终南山这些唐朝得道高人最喜欢的地方都留下过他的足迹。

公元 751 年，李泌向唐玄宗献上《复明堂九鼎议》评论当时的朝政。唐玄宗想起了这个神童，于是让他到宫中给大家讲《老子》。但在此期间，李泌曾写诗讥讽过杨国忠，引起杨国忠的不满，然后就一溜烟跑了，到全国的名山大川里继续修行。

后来安史之乱爆发，李亨在灵武仓促登基，是为唐肃宗。李亨当时急需自己的行政班子，第一时间派人去找了李泌，而李泌也主动从嵩山一路穿越火线来到了李亨身边。

李泌到岗后，很快就成了李亨的贴身顾问。李亨甚至对他只称先生，而不称名字。由此足见李亨对李泌的看重。

而李泌也确实没有辜负李亨。两人在灵武，很快便演了一出大唐版的"隆中对"。

李亨："朕想封你当宰相，怎么样？"

李泌："不行，我们是哥们儿，这个身份比宰相可尊贵多了。况且我现在还没有立功，让我当宰相，只怕大臣们不服。"

由于李泌只穿白衣不当官，从那以后每次跟李亨成双人对，士兵们都会指着他们说："穿黄衣服那个是圣人，穿白衣服那个是山人。"

二人接着聊。

李亨："你觉得让建宁王李倓当天下兵马大元帅，怎么样？"

李泌："不可，李倓确实有元帅之才，但广平王李俶是他哥，如果将来李倓立下大功，李俶怎么办？"

李亨想起唐朝初年太子李建成和秦王李世民的往事，背上不禁惊出一身冷汗，心里开始疯狂感谢李泌的高明。

　　"现在叛军势大，我们怎么办？"

　　"不是啥大事，你可以让李光弼守太原，出井陉，让郭子仪取冯翊，进河东，阻断叛军的几个重要将领，然后让郭子仪放开华阴，这样他们不就会在南北之间疲于奔命了吗？"

　　李亨按照李泌的计策施行，果然没多久叛军就开始由盛转蔫。

　　安史之乱平定后，李亨高兴之余要论功行赏，别人要的都是高官厚禄、良田美宅，唯有李泌的要求与众不同，他想枕着唐肃宗李亨的膝盖睡上一觉。

　　李亨同意了，并且真的伸出腿给李泌当了一晚上枕头。

　　睡完觉的李泌，没带走一丝云彩地挥一挥衣袖又走了。这次，他去了衡山，主题还是修道求仙。

员工辞职申请表

申请人	姓名：李泌
辞职原因	我要去修仙！
上级主管意见	同意

惹不起，躲得起

几年后，李亨去世，那个曾经被李泌力保的李俶即位，是为唐代宗。只不过，他这时已改名为李豫。

李豫感激李泌，力邀他再次出山。李豫同样想让李泌当宰相，不过遭到了李泌的拒绝。

为了不让李泌再次跑进山中，李豫见李泌没媳妇，就送他媳妇，见李泌不吃酒肉，就赏他酒肉，见李泌还在租房住，就赐给他一套豪宅。

只不过这时，大唐帝国的政治斗争开始变得空前激烈，朝廷上元载已经一手遮天。这元载出身寒微，是一介学霸，但在进入官场后，由于穷怕了，就开始疯狂地贪污腐化。

作为宰相，元载一直在拼命搂钱。李泌来了之后，元载一开始很想让李泌跟着他在贪污的黑暗道路上共同发展。元载单纯地认为，应该没人能抵挡得了金钱带来的诱惑吧？

可惜，元载看走了眼，无论他怎样拉拢李泌，李泌就是不干。

恼怒之下的元载，开始使出捧杀的技能。

当时，江西观察使向唐代宗李豫吐槽自己这边人才短缺，元载乘机大力吹捧李泌。考虑元载势大，李豫也没办法，只好顺了元载的意，让李泌去边区搞扶贫工作。

直到后来元载被杀，李泌才重新被李豫召回中央。

在朝堂之上，这边，李豫当着百官的面，问他想当一个什么官；那边，新任宰相常衮则脸色铁青。有才有德的李泌，连常衮也嫉妒得要命啊。

就这样，李泌再次被外放，先当澧、朗、峡三州团练使，再当杭州刺史。

好在，李泌本来就对官场没什么感觉，无论是地方还是中央，他都待得通透。而且在担任地方官期间，他成绩斐然，颇受当地民众的爱戴。

傲啸历史的"神仙宰相"

公元 779 年，李豫亡，李适登基，是为唐德宗。

李适同样是李泌的老相识，李亨还在的时候，他俩就经常一起学习；李豫在位时，他俩又经常一起去长安周边郊游。

正是因为这层关系，李适一即位，就着急忙慌地召回了李泌。

此时的大唐，早已是藩镇割据，风雨飘摇。或许是为了延续大唐的国祚，又或许是参透了命理，这一次，李泌没有推诿，答应担任宰相。

拜相之日，李适对李泌说："我知道你受了很多委屈，但你不能一掌权就去报仇。"

李泌说得很清淡："我信道，不跟人结仇。"

在唐德宗一朝的宰相岗位上，李泌尽职尽责。他曾以不到十个月的时间，就平定了泾原叛军，稳定了关中的局势；他也曾在谣言四起说镇海节度使韩滉要造反的情况下，力保韩滉，使得大唐的江淮漕运不被截断，避免了大唐子弟兵的断粮危机；他还曾对外联结回纥、大食，以遏制日益强大的吐蕃，确保了大唐西北边境的安宁。

帮助李适稳定好局面以后，李泌再一次选择了离开。他要去修未完成的道，寻没寻到的仙了。

当时，有人问他，要去往哪里？

李泌只说了一句禅意很深的话："大唐的皇帝太宠我了，我没什么可以报答的。现在我的尘缘已尽，接下来就该遵循天道了。"

第二年，李泌仙逝的消息就传到了大唐宫中，而听到消息的唐德宗李适——泪如雨下。

不管世界多么复杂，
我们都该不污于流俗，
不苟活于世。

其字正，其身更正

颜真卿

颜真卿（709—784 年），字清臣，号应方，祖籍琅琊临沂（今山东省临沂市），出生于京兆万年（今陕西省西安市），唐朝名臣、书法家，创立了"颜体"，与柳公权并称"颜柳"。

学习，学习，学习

唐太宗李世民曾写过一首《赐萧瑀》的诗，其中有一句"疾风知劲草，板荡识诚臣"。这里，李世民夸的是萧瑀，但如果把时间线拉长，将这句话用在多年后的颜真卿身上也许更为贴切。

颜真卿出身历史上大名鼎鼎的琅琊颜氏，祖辈可以上溯至孔子的弟子颜回。虽然门第高贵，但与很多不走运的人一样，颜真卿在 3 岁的时候就没了父亲，并且家境开始变得非常窘迫。他的母亲殷夫人只好带着他和一帮兄弟姊妹寄居到苏州的外祖父殷仲容家。

殷家是典型的诗书世家，这里颜真卿叫叔的、叫伯的、叫爷的、叫姑的，无一不是出了名的"特级教师"。尤其殷仲容，本身就是初唐的书法家、画家，经常为颜家子弟"开小灶"，称得上是颜真卿的书法启蒙老师。

殷颜两家不仅教得好，管得也严。据说，有一次颜真卿练字胡闹，在颜家一只断了腿的白鹤背上画了几笔。他的哥哥颜允南看见了，立马呵斥道："它都不能飞了，你还不爱惜它的羽毛，这么干可不厚道呀！"

在这种家风的影响下，颜真卿对学习不敢有丝毫懈怠，并且充分认识到时间对学习的重要性。现在我们耳熟能详的一首《劝学诗》就出自颜真卿之手：

> 三更灯火五更鸡，正是男儿读书时。
> 黑发不知勤学早，白首方悔读书迟。

三更了，不用睡，可以点起油灯学习嘛；五更了，鸡都叫了，那还不赶紧起来学习，学得越勤效果越好，做人可不要等到老了才后悔自己年轻的时候没有多读书哦。

能写出这样的诗的人，我们可以充分脑补一下其学习的刻苦。

"功夫不负有心人"。公元 734 年，颜真卿果真漂亮地在科考场上露了一手，一举登第。其实，历史上也有颜真卿中了状元之说。不过更为可信的是，这年的状元应为李琚，颜真卿则是甲科进士。

甲科：唐朝的科举，一开始并没有甲科乙科之分。唐玄宗之前，所有进士都称为"乙科"；唐玄宗之后，才打开了"甲科"大门，甲科、乙科相当于进士的分档，且甲科一定是优于乙科的。

在河北闪了一下光

　　进士及第后，颜真卿又通过了大唐的制举考试，取得了任官资格。

　　从那以后，颜真卿就开始了没事就得罪领导的官场生涯。

颜真卿自小受到的是极为严格的家教，仁义礼智信常存于心，加上他性情又耿直，最看不惯官场的阴暗面，因此只要是当说当做的，不管对方是谁，他绝不会有任何犹豫。

例如御史中丞宋浑是大唐名相宋璟的儿子，因为经常和权奸杨国忠作对，被和杨国忠关系不错的酷吏吉温陷害，贬到了当时还是穷乡僻壤的贺州。对于这件事，满朝文武没一个敢吱声的。颜真卿虽和宋浑没什么交情，却能当面质问吉温："为了点私人恩怨这么整人，你小子厚道吗？"

就这样，颜真卿被杨国忠记住了。

没多久，杨国忠便找了个借口，把颜真卿外放到了平原（今山东省德州市一带）做太守。而平原，则是范阳、平卢、河东三镇节度使安禄山的辖区。

那时安禄山还没反，但颜真卿已经看出了端倪，于是开始以下大雨为由在平原修筑城壕，同时统计丁壮人数，并且不断充实仓廪中的米谷。

有人向安禄山打小报告，安禄山则认为颜真卿不过是个书生，根本没当回事。

结果安禄山真反后，在叛军凌厉的攻势下，河北各郡县的地方官要么开城投降，要么弃城逃跑。唯独颜真卿，真真正正举起了唐旗对安禄山宣战，并且派出使者去长安向唐玄宗做汇报。

本来，唐玄宗听说安禄山反了，河北瞬间沦陷，还在感叹："河北二十四郡，难道就找不出一个忠烈之士吗？"

直至见到颜真卿的使者，唐玄宗才变得激动，大喜道："我都不知道颜真卿长啥样呢，这家伙咋这么忠义呢？"

颜真卿的堂兄颜杲卿，时任常山（今河北省正定县）太守，听说颜真卿举义，立即起兵呼应。在颜氏兄弟的带领下，河北十七郡竟在同一天集体反水安禄山，各地各有人数几千或者上万。而颜真卿也被大家推为盟主，大家齐心协力准备死磕安禄山。

《祭侄文稿》背后的忠烈千秋

颜杲卿的常山，杵在安禄山大军经过的地方。它举起唐旗，就等于切断了在河南的安禄山叛军与老巢的联系，对安禄山的河北根据地造成了极大的威胁。

安禄山当然不允许后方出现这样的"钉子"。

在这种情况下，安禄山命史思明迅速出兵，夺回常山。

颜杲卿起兵才8天，各种防守准备都没有做。叛军抵达后，如蚁附城，颜杲卿虽苦战不休，但仍架不住粮食和弓弩的不断消耗，最终城破被俘。

后来，颜杲卿被押至洛阳，遭到残忍杀害。同时，他的儿子颜季明也在这场灾祸中惨死。整个颜氏一门，被杀者多达30余人。

堂兄和侄儿的遇难，没有打倒颜真卿，反而激起了他更坚强的斗志。即使唐玄宗撤出长安，流亡蜀中，他也没有放弃。

公元758年，颜真卿调任蒲州（今山西省永济市）刺史。彼时，唐军已经取得了对安史叛军的阶段性胜利。颜真卿想起了侄子，是时候寻回他的尸骨了。于是，颜真卿让侄子颜全明去了河北，最终找回来一具颜季明的头骨。

当颜全明把颜季明的头骨捧到颜真卿面前时，颜真卿不禁悲从中来，研墨铺纸，一气呵成，写下了文情并茂的书法作品——《祭侄赠赞善大夫季明文》：

维乾元元年，岁次戊戌。……父陷子死，巢倾卵覆。天不悔祸，谁为荼毒？……抚念摧切，震悼心颜。……

这篇祭文简称《祭侄文稿》，共23行234字。字不多，还有30余处涂抹，但这些都不影响这部书法作品直追东晋王

历史不『蕉绿』——大唐学子列传

羲之，被世人誉为继《兰亭集序》之后的"天下第二行书"。

因为写这幅书法作品的时候，颜真卿已经人书合一，家国忠义一股脑地激荡在胸前，全文仅仅蘸墨 7 次。

从某种意义上来说，《祭侄文稿》其实已经不是一幅书法作品了。它是有生命的，是顶级的文化瑰宝，是有故事、有血气、有魂魄的。它里面的每一个字，都在泣血。

明知山有虎，偏向虎山行

安史之乱平定后，颜真卿还是保持着那份永远不向恶势力低头的高洁。

要知道，在杨国忠之后，唐朝政府就没大改过任用腐败分子做宰相的传统，其中就包括著名的奸臣卢杞。这卢杞，据说模样长得像鬼。他去看望老将郭子仪，郭子仪都不让家里人出来见他，原因就是害怕家人看见他的长相，必定忍不住要笑，而一旦卢杞失了脸面，老郭家危险就大了。

让人魂不附体的卢杞，郭子仪怕，颜真卿不怕，其作风的硬朗可谓惊天动地。

结果，颜真卿又被卢杞记住了。

公元 783 年，淮西节度使李希烈造反，唐德宗想派一个人去李希烈军营招降。卢杞趁机推荐了颜真卿。卢杞知道，李希烈兵锋正盛，与其说是让颜真卿去招降，不如说是正好让颜真卿去送死。

已年过七十的颜真卿心里当然明白是怎么回事，但还是家都不回，也不和亲友道别，说走就走。

据说，招抚李希烈之前，颜真卿曾和人说过："我这次去，必然是要死的。但这是为家国，为忠义。不要看我老，我身体还好着呢。"说完，颜真卿甚至找来两把藤椅，给大家表演了一次悬空引体向上。

结果可想而知，李希烈没有被招抚。

在李希烈的军营中，李希烈劝颜真卿："我建立新朝，让你当宰相。"

颜真卿说："你听说过颜杲卿吗？他是我哥哥。"

李希烈一愣。

"我哥哥被安禄山如此对待，都没有臣服。我快80岁了，要守着我哥哥的名节，死而后已。你的那些言语诱惑，对我又有什么用呢？"

李希烈大怒，要点燃柴草把颜真卿烧了。没想到，颜真卿竟然自己扑向烈火。李希烈没有办法，只好将颜真卿囚禁在蔡州龙兴寺。

自知必死，颜真卿在龙兴寺完成了自己最后的一纸书帖——《移蔡帖》。在他看来，这就是自己的墓志和祭文。

不久，唐军兵胜，恼羞成怒的李希烈还是将颜真卿缢死在了龙兴寺柏树下。据说，颜真卿就义时，甚至"握拳透爪"，也就是说他双拳紧握，连指甲都穿透了手掌。

颜真卿，最终还是用他的生命捍卫了大唐的尊严，也为中国的学霸文人们在政治灾难中的人格做出了最佳的表率。

而纵观颜真卿的一生，他的书法确实是极品。但和他的人格相比，他的书法又算得了什么呢？

是吧？！

清清白白处世，堂堂正正做人！

仙风道骨无尘俗

柳公权

柳公权（778—865年），字诚悬，
京兆华原（今陕西省铜川市耀州区）
人，唐朝中期官员、书法家、诗人，
自创独树一帜的"柳体"，与颜真卿
合称"颜柳"。

成绩最好的书法家

在中国书法史上，柳公权的大名可谓妇孺皆知。但除了书
法家的称号以外，可能很少有人知道，柳公权还是状元出身，
堪称中国历史上成绩最好的书法家。

柳公权出身官宦世家，父亲柳子温曾担任丹州刺史，家庭
条件非常不错。

这样的家庭，让柳公权自小就接受了良好的教育。相传他
12岁的时候就已经能吟诗作赋，妥妥的学霸一枚。曾有人写
诗赞扬他的才华，说"诚悬十二工吟咏，元和天子知姓名"。

意思是聪颖过人的小柳公权，甚至连天子都对他有所耳闻。

　　不过，柳公权小的时候字写得却是奇丑，经常因为七歪八扭的字遭到老师和老爸的训斥。而柳公权又是比较要强的人，被训多了就自我反省，下定决心要练成一手好字。

　　结果，勤学苦练了一年多，他写的字已经是学堂中最高水平了，甚至还超过了老师。此时，严厉的老爸脸上也露出了难得的微笑。

　　从那以后，柳公权就成了一个书法迷，学习颜（颜真卿）体的丰肥清劲，学习欧（欧阳询）体的方润开朗，也学宫院体的妩媚娟秀，后来又遍取王羲之、王献之、褚遂良等书法前辈的精髓，再加上自己的艺术实践，终于自成一家。

　　既会书，又能文，还身负"神童"的美名，怎么会不去科考场上博一番功名呢？只不过，柳公权运气差些，年午进京，竟然年年不中。

　　冬去春来，30岁的柳公权又回到了长安。

　　他知道，在大唐的天空下，没什么比金榜题名更能证明自己的了。为此，他付出了很多，生活简单得也只剩下了读书和练字。在他这个岁数，可能别人家的孩子都能跑能跳了，他甚至还没娶过妻子。

　　那一次，"复读生"柳公权终于爆发了，如同一匹黑马在人才济济的科考大军中脱颖而出，不但进士及第，而且还是第一名，也就是我们熟知的"状元"。

　　要知道，柳公权可是和白居易、元稹、韩愈、柳宗元、刘禹锡一个时代的人。彼时的大唐，辞采风流的文人如群星闪耀，而柳公权竟然能以诗文在科考中折桂，可见柳公权不仅字好，文学禀赋也相当惊人。

我是黑马柳公权

当了三朝的侍书

　　按照大唐的惯例，柳公权后面又通过了吏部的考试，被委任为校书郎，专门校正典籍。

　　但是柳公权的志向绝不仅仅是做一个校书郎的闲官。要知道，他的亲哥柳公绰，此时已经是朝廷的刑部侍郎了。柳公权当然也希望自己能像哥哥一样，为国家、为社稷建功立业。

　　无奈，朝廷暂时没遂柳公权的意。

　　公元 819 年，柳公绰将柳公权推荐给自己私交甚好的夏州刺史李听，让他在李听府上做了一名掌书记。

不久，唐穆宗李恒即位，李听派柳公权去长安给新皇道喜。

唐穆宗特意召见了柳公权，对他说："我在佛寺中看见过你的书法笔迹，想见你这个人很久了哟。"

柳公权赶紧使劲回想，终于想起六七年前曾在荆门唐安寺的墙上题了首诗：

朱审偏能视夕岚，洞边深墨写秋潭。

与君一顾西墙画，从此看山不向南。

因为唐穆宗的赏识，柳公权被提拔为翰林院侍书学士，即侍候皇帝，掌管宫中文书的官员。

从那以后，柳公权历事唐穆宗、唐敬宗、唐文宗三朝，做的都是侍书。

不要以为做了三朝侍书，时间就很长。实际上，中晚唐的皇帝有个大体相近的特点，就是热衷于炼丹，希望能长生不死，结果很多"朕"恰恰就死在这种"长生不老丹"上，例如唐穆宗。而唐敬宗在位也不过三年，便被刺杀。所以，柳公权虽历事三朝，时间却并不长。

这侍书同样是个闲职，与柳公权的志向相去甚远。柳公权做了一段时间，也就疲倦了。

唐文宗时，柳公绰曾写信给宰相李宗闵，希望能将弟弟从闲职中"解放"出来，让他担任实职。

本来，在李宗闵的安排下，柳公权已经被任命为尚书省的右司郎中，辅佐处理兵部、刑部、工部的事情。

只是，这个职位离皇帝有点远。柳公权刚走，唐文宗就想他了。结果一纸诏令，生生又将他调了回来，还是做侍书。

这时的柳公权，心里肯定在大喊"我不想做侍书"。

唉！

用笔在心，心正则笔正

柳公权虽性格内敛，但为人正直，即便是作为皇帝身边的闲官，也从没忘过一有机会就劝谏皇帝。

唐穆宗在任时，有一次看见柳公权写字，龙飞凤舞煞是好看，便好奇地问了句："你这字咋能写得这么好呢？"

柳公权心下一喜，机会来了，连忙作了一个揖，给皇帝念："用笔在心，心正则笔正。"

这句话本身是写字的法则，只不过在此时此刻，从柳公权嘴里说出来，显然是有弦外之音的。要知道，这唐穆宗，可是个只知享乐腐化，不理政事的花花公子。

结果，唐穆宗听完，脸立马就涨成了猪肝色。

从此，柳公权"笔谏"的故事就流传开来了。宋代时的苏轼还为此写出过"何当火急传家法，欲见诚悬笔谏时"的诗句。

而后来的唐文宗，还算是个不错的皇帝。

据说，唐文宗有一次曾在宫廷宴会上让大臣们对诗。

唐文宗出："人皆苦炎热，我爱夏日长。"

大臣们纷纷捧场，都不合皇帝意，唯独柳公权的"熏风自南来，殿阁生微凉"让唐文宗点了个大大的赞。

为此，唐文宗还专门让人在皇宫里辟出一块空墙，让柳公权把这诗写上去，以便他天天观摩。有时看着看着，他还会发出一句赞叹："老柳这书法，恐怕钟繇、王羲之都赶不上哦。"

另有一次，唐文宗没事和学士们闲聊，聊到以前的汉文帝非常节俭，兴致一来就开始显摆他的龙袍："你看，我这身衣服已经洗过三次了哟。"

别的学士听完，都拍马屁说咱皇帝不错。柳公权呢，闭紧了嘴巴就是不开腔。

等别人都走了，柳公权才说："陛下呀，穿不穿洗过的衣服，那是小事；而用不用贤良正直的人，那才是大事哦。"

这次，柳公权的劝谏收到了效果。唐文宗也喜欢他的直言，第二天就下诏将他任为谏议大夫。

柳公权，这才终于有了实职。

七朝元老的圆满人生

唐文宗之后，柳公权又"侍候"过唐武宗、唐宣宗、唐懿宗，加上之前的唐宪宗、唐穆宗、唐敬宗、唐文宗，妥妥的"七朝元老"。

其实，自从唐文宗将柳公权调到实职岗位上后，柳公权的人生就逐渐开挂。他先后做了唐朝最高学府国子监的长官——国子祭酒、工部的最高长官——工部尚书，最后在太子太保的职位上退休。

与此同时，柳公权的书法也越来越受到人们的喜爱。

据说，柳公权不仅研究牛、羊筋骨，还经常观察飞鸟、游鱼、小鹿、烈马，把大自然丰富多彩的意境融入书法创作中，这才有了骨力洞达、结构严谨、流美飘逸的"柳体"。

唐宣宗在任时，尤其喜欢柳公权的书法，还曾专门将柳公权召到殿前，让监视出征将帅的最高长官西门季玄捧砚台，让枢密使崔巨源磨墨。柳公权呢，只负责挥毫落纸就可以了。

当时长安城的王公贵族，如果家里面要立碑，想方设法都要请柳公权来写，并且大家还在不经意间达成了某种默契，那就是，如果请不到柳公权来写字，就不够有格调，就是不孝。

而外国人来大唐公干，同样也达成了某种默契，那就是，必须另外带上一笔钱，标明"购柳书费"，即购买柳公权书法的费用。

靠写碑卖字，柳公权每年赚的钱不计其数。不过柳公权不爱钱，把收入都交给了两个仆人保管。两个仆人又合伙盗窃，经常自己得大头，给柳公权留小头。

有一次，柳公权收藏了一批珍贵的酒器。没多久，就只见封条不见酒器了。柳公权问仆人，仆人哄他："不知道怎么就没有了。"柳公权也不在意，只是说："我想可能这些酒器是像仙人一样羽化（旧时迷信的人说仙人能飞升变化，把成仙称为羽化）了吧。"

柳公权珍爱的，只有图书、笔墨而已。

其实，直到临死前，柳公权对自己的书法都是不满意的，晚年甚至隐居专门研究书法。但他可能不知道的是，即便他认为自己还有需要精进的地方，他的很多碑帖，尤其是《玄秘塔碑》《神策军碑》《金刚经》等，却已经成了现代人学习书法的必备帖了。

没有"心正"，
哪有流芳百世的"柳骨"？
用笔在心，心正则笔正。

既讲文治，还讲武功

娄师德

娄师德（630—699年），字宗仁，郑州原武（今河南省原阳县）人，唐朝宰相、名将，为唐朝戍边、为相30年，忠诚勤朴，得以功名始终。

投军的学霸，唐代的班超

自古以来，文学造诣不凡的学子很多，文武双全的学子很少，但娄师德算得上是其中一个。

娄师德小时候被人看作从文的好苗子。他自幼便饱读经史，尤其喜欢"四书""五经"和庄子的著作。

20岁的时候，娄师德考取了进士。这可不是一般的不简单。要知道，唐朝科场流行一句俗语叫"三十老明经，五十少进士"，意思是说如果你五十岁考中了进士，那在你的同学中间，你绝对是比较年轻的。年纪轻轻就考中了进士，娄师德完全可以笑傲学坛了。

进士及第的娄师德后来蹭蹬官场，二十多年都在正科和副处的官衔中徘徊，人生似乎一眼就望到了尽头，乏味又无奈。

娄师德不甘心。

恰好这时候，吐蕃进犯唐朝边境，唐朝政府开始进行内部征兵。听到这个消息的娄师德眼睛亮了，汉有班超投笔从戎，大唐为什么不能有师德缚额从军呢？娄师德决定从武功的方向，来好好拓展一下自己的人生际遇。

唐高宗李治正为吐蕃的事情发愁呢，而且唐朝政府连年出兵，政府班子中说闲话的人也不少，这时冒出一个自愿请缨的机关干部，唐高宗立刻将娄师德树立为典型，让他做了朝散大夫。娄师德的官阶也从八品提升为五品，进入了中央高级干部的序列。

所有人都没想到，从没带过兵的娄师德竟真的在战场上显露出了过人的才华。

本来娄师德以一介文人身份到边疆，在打仗上是生手。但他清楚该如何保境安边。非公务时间，娄师德常常一身农夫装扮，亲自到田地里和士卒犁地开荒，引水灌溉。中央来人视察工作，他就在地头接见，搞得中央检察员直吐舌头。

但娄师德从来不管别人对他身份与行事不符的指责，他的主张就是，边境这块是非之地，稍有风吹草动，就会引起滔天大祸。很多时候，打仗就是打后勤。尤其是防守方，只要后勤保障充足且及时，冷兵器时代，一般不会落败。

果然，后来边疆烽火突起，娄师德和敌人进行了八次会战，八战八胜。书生娄师德摇身一变成了全朝闻名的武将军。

不同常人的度量、气量和涵养

武则天建立武周政权后,将老实巴交的娄庄稼汉召入京城,并让他担任要职。

据载,娄师德身高有将近1.9米,方口,嘴唇宽大肥厚,身体肥胖,走路一副永远不紧不慢、不愠不怒的样子。他为人深沉有度量,即使有人触犯了他,他也从来不发脾气、使小性子。

一天,天才麻麻亮,朝廷中的文武官员鱼贯着踩点上朝,娄师德也置身于这群"上班族"中。

正走着,娄师德碰到了宰相李昭德。既然碰上了,作为同事,自然不能当作没看见,于是互相打了招呼后结伴而行。

娄师德走起路来缓缓悠悠,慢慢吞吞。相对的,李昭德就显得性急多了。

一个性子缓慢,走路一步三停的人,配上一个性子急躁,两脚迈动得如同鼓点般的同伴,别提有多别扭了。李昭德每走出几步都要回头等一等他,那望眼欲穿之相实在叫人目不忍睹。

时间越来越临近上朝的正点,眼看要迟到了,李昭德终于忍不住,回过头指着娄师德吼:"你还想不想上班了,照你这速度,庄稼都长出来了。"

娄师德并不恼火,反而笑眯眯地回答:"不错,不错,其实我还真就是个种地的出身。不过,若是没有我这样的种地的,哪来你们这些吃粮的呢?"一句话,一下子浇灭了李昭德的火气。

又有一回,娄师德的弟弟被任命为代州刺史。在饯行宴上,娄师德对弟弟说:"我现在在京城做着大官,你又是州长,咱们娄家可谓荣宠之极，你到任后如果跟人产生矛盾，别人咒骂你，你该如何做？"

他弟弟自认为在为人上并不比哥哥低，洋溢着满脸自信的笑容："就算别人把唾沫吐到我脸上，我都会只是把它擦拭干净，所以你放心。"

没想到娄师德愀然变色，说："你看，你看，这正是我为你担心的地方。"

他弟弟大吃一惊，想不到低调到如此境界，仍然会被人认为是张狂。真是山外有山，于是急忙请教老哥。

娄师德面授机宜说："别人向你脸上吐唾沫，就证明他非常愤怒你，如果你把唾沫擦了，那就是火上浇油。最正确的做法是，什么都别做，微笑着，让唾沫自己风干。"

成语"唾面自干"的"娘家"就在这里。

既老实，也圆滑

后来，娄师德被武则天派到河北维稳。在这里，娄师德认识了狄仁杰。虽然相处时间不长，但高尚的品格让二人加速度走到了一起，在感叹相见恨晚的时候成了莫逆之交。

娄师德回到中央后，便向武则天推荐了狄仁杰，还把狄仁杰夸成人间极品，说如果狄仁杰不做宰相，日月都羞愧于散发光芒。

没想到，狄仁杰担任宰相后，并没有对娄师德感恩戴德，反而多次排挤他。

一次，武则天实在不能忍受狄仁杰的忘恩负义，问他："你觉得娄师德这人有知人善任的本事吗？"

狄仁杰回："在边境种地、领兵打仗还成，可说他有知人善任的本事，臣真是没有这样的眼力。"

武则天一脸严肃："我用你为宰相，就是娄师德推荐的。你怎么能说他没有知人善任的本事呢？如果你这样说，是他错了，还是你错了呢？"

狄仁杰这才真正表现出自己的惭愧："娄师德真有海纳百川的胸襟，我真是错怪他了。"

不过，生性宽厚的娄师德也不是一味地老实。为了民情民生，他也有灵活变通的一面。

武则天称帝后，一向以弥勒佛转世自居，要吃素，并且禁止民间任何私自屠宰牲畜的行为。

有一回，娄师德去陕西出差，招待他的厨师为了讨好他，端上来一盘羊肉。

娄师德看到羊肉，皱着眉头："皇帝禁止杀生，你哪来的羊肉呢？"

"回大人，这只羊是被豺狼咬死的。"

娄师德打了个哈哈："这只豺狼真是识大体啊。"

一会儿，厨师又端上来一盘鱼肉。

"这鱼又是怎么回事？"

"鱼也是被豺狼咬死的。"

娄师德差点把嘴里的羊肉给喷了出来："你这个笨蛋，鱼生活在水里，你怎么可以说是豺狼咬死的？应该说是水獭咬死的才对。"

就这样，在全民吃素的武周时代，娄师德和他的下属终于开了一次荤腥。

学子老娄的修身心得

娄师德的一生，当过高官，也遭过贬官。公元 696 年，因王孝杰兵败，娄师德受到牵连，被贬为原州员外司马。

接到贬官文书的娄师德，不怒不躁，带着随从一路哼着小曲儿就走了。

这就是娄师德，大度有涵养，宽厚待人，喜怒不形于色。为官多年，他懂得职场规则，来到新职位，该干啥就干啥，要活在当下。

而且，娄师德真正是一个为民办事的好官。他在丰州（今属陕西）发现当地气候恶劣，缺少雨水，士兵吃不饱，百姓生活艰难，便让士兵开荒种粮，第二年就解决了士兵的口粮问题，且有余粮。他又深入农户，给农民们送去粮食。几年后，丰州的生产生活大变，外地人迁去丰州的络绎不绝。

娄师德这些个性的养成，其实和他对古人修身的继承之道有莫大的关系。娄师德曾写过一些脍炙人口的名句，如："水不求高而顾下，顾下则泽及万物，泽及万物则恩德厚重，此上善也。"（水不是往上流动而是往下，因为往下所以惠及了万物，惠及了万物才能有厚重的恩德，这可以说是最大的善了。）

再如："人则求高而忌下，至狂肆耳，故灾祸频生。（《上善若水论》）"（人通常想在仕途上越爬越高，而不愿意被贬或当低级的官吏，结果官越大越狂妄，灾祸往往就是这样发生的。）

他还有一些著作，如《小不忍则乱大谋论》《不以言举人不以人废言论》等，这些文章讲的都是修身之道。从他的文章和他为官做人的经历中我们也可以看到，他真的是一个严于律己、宽仁待人、为国为民的人，也堪称学子界的典范。

大唐财务 "明星"

刘晏

刘晏（716—780 年），字士安，
曹州南华（今山东省菏泽市东明县）
人，唐朝经济改革家、理财专家。

7 岁的公务员

　　读过《三字经》的人，想必都知道《三字经》中有这么一
句话："唐刘晏，方七岁。举神童，作正字。"意思是唐朝有
个叫刘晏的人，7 岁的时候就被人们惊呼为"神童"，还进入
了国家公务员序列，担任了校勘图书典籍的"太子正字"。

　　这刘晏，实打实是个天才儿童。刘晏是官二代，父亲刘知
晦，虽然官职不高，但酷爱读书。刘晏正是遗传了父亲的基因。
据说，他三四岁的时候就会吟诗作文，五六岁的时候就已经把
古代的那些经典著作背得滚瓜烂熟了。

　　7 岁的时候，刘晏遇上唐玄宗带着文武百官去泰山封禅。
泰山封禅，是中国古代皇帝的老传统。在传说中，上古时期的

黄帝因为登泰山封禅而成了仙，之后历代皇帝便以通神为目的去泰山祭天，显示自己的地位是天神赐予的，是合法正统的。

同时，为了点缀太平，唐玄宗在赶去泰山的路上，特别允许历年科举考试没有考中的人才，可以向皇帝献上诗文。如果皇帝感觉还不错，便会给予面试的机会，面试通过后就可以成为公务员。因此在唐朝，这也是读书人进入仕途的一条"捷径"。

这一次，刘晏也献了一篇《东封书》。本来，唐玄宗还一直在郁闷好多献上来的诗赋都是残次品，直到看见刘晏的文章才眼前一亮。唐玄宗原本以为刘晏必定是个饱学之士，没想到召过来一见是个小屁孩儿。

7岁的公务员

刘晏虽然长得不漂亮，但一双眼睛炯炯有神。面试题是唐玄宗让宰相张说出的，结果刘晏的答题速度之快让围观的群臣无不称奇。最后，张说给唐玄宗下了自己对刘晏的评语："这家伙是国瑞。"意思就是有刘晏这样的人才，是大唐的福气。

就凭这点，刘晏得了一个"神童"的称号，还被唐玄宗授予太子正字的官职，给了他入宫读书的资格。

折服唐玄宗

唐玄宗对刘晏寄予厚望，而实际上刘晏也确实没让唐玄宗失望。

据说，刘晏长到 10 岁时，就获得了参加大唐国宴的机会。

那天，长安教坊中排名第一的王大娘杂耍团队出尽了风头。尤其是王大娘肩扛一根长竹竿，竿头另一端顶着蓬莱仙岛的模型，模型上竟还有个小孩拿着红菱在跳舞的造型，引得全场掌声阵阵。

从没见过这般热闹模样的刘晏，把一双小手拍得通红都停不下来。恰好这一幕被唐玄宗瞅见了，他突然很想考考刘晏的功课，便出了一道"顶竿之戏"的题目，让刘晏赋诗一首。

刘晏还是那么才思敏捷，他几乎想都没想就回了一首《咏王大娘戴竿》：

> 楼前百戏竞争新，唯有长竿妙入神。
> 谁谓绮罗翻有力，犹自嫌轻更著人。

谁不说王大娘的长竿鹤立鸡群呢？你看，一介妇女竟有如此力气，顶着个长竿还嫌轻呢！

成年以后，刘晏请求外放，被唐玄宗安排了一个山西夏县县令的岗位。

当时的"夏县"，是大唐帝国出了名的"逃户"县。也就是当地老百姓为了逃避苛捐杂税，纷纷不在家里待了，逃亡至外地，使得夏县人口流失严重。

刘晏相信，逃亡应该不是老百姓的本意，必然有更深层的原因。为此，刘县官把自己打扮成道士，天天坐在县衙门口给人算命、断事。古代人迷信，那些想来县衙打官司的老百姓通常都会先来他的摊前，哭着鼻子跟他说一说自己的不幸，照顾"刘半仙"的生意。

结果，刘晏不仅生意红火，还收集了足够的证据。原来，哪里是老百姓想逃亡啊？完全是那些富户豪绅把赋税转嫁在百姓身上，老百姓交不起公粮公费，不得已才走的呀。

然后，刘晏一一宣判，终于将一干富户豪绅打回原形，使百姓们的负担大大减轻，夏县也得以从"逃户"县中除了名。

可以说，在夏县的经历，算是为刘晏日后成为大唐帝国的财税专家打下了坚实的基础，也让唐玄宗再一次为他的"神奇"所折服，并提笔在他的述职报告上圈了一个大大的"优"。

大唐顶级财务高手

时间到了唐肃宗时期。

这时候的唐朝，安史之乱正在中原大地上演。刘晏当时跑到襄阳避乱，永王李璘本来很想让他来帮帮自己，但刘晏没干。

唐代宗继位后，刘晏成了大唐的东都、河南、江淮转运租庸盐铁常平使，专管天下钱粮。这会儿，安史之乱刚刚结束，大唐帝国从上到下千疮百孔，尤其是经济，货币贬值，物价腾飞，全天下的老百姓无不生活在水深火热之中。

见此情景的刘晏立即着手改革。当时，长安百姓需要的米粮好多需要从江南运来，但是原来的河道都被安史叛军整荒废了。为此，刘晏亲自到扬州，发动民工，掏挖淤泥，疏通河道。

考虑到疏通河道也是巨大的开支，刘晏又想办法把国家的盐政税收和河道疏浚相挂钩，实行以工代赈的国家扶贫政策，就是让那些国家资助的贫困农民，来参加这项国家基础设施建设，以从建设中获得报酬来取代国家原本要拨付的资助资金。

刘晏认为，唐朝产盐的地方虽然多如牛毛，但也不至于每个地方都设个盐官，应该精简机构，压缩开支。因此，他利用盐运使的身份，只在大盐区设置盐官，让盐官直接到盐户手中买盐，再转卖给盐商，由盐商自行买卖。同时，在各地设立常平盐仓，以稳定盐价。这样，底层的盐户和上层的盐商，都有了赚钱的机会，但也没人敢把盐价抬得太高。

为了让运粮的船不在沿途遭土匪盗贼抢劫，他又组建了专门的漕运队伍，造了坚固的粮食运输船。这样，土匪盗贼们就都有贼心没贼胆了。经此一举，朝廷运粮，不但降低了运输成本，也减少了运输损耗。果然，漕运一通，关中的米价就直线下降，老百姓哄然叫好。唐代宗也眯着眼睛笑，对刘晏说："你小子是朕的萧何啊。"

其实，刘晏在职时，做的财税方面的事情远不止这些。纵观他的盐税改革，中心思想就在于"足食、富国、利人"六字，也就是让天下的人都有饭吃，让统治天下的帝国富有，让天下的百姓都得到好处。

而这，也是刘晏这位大唐"财务明星"一生的座右铭。

大唐顶级财务高手

冤死的"财神"

　　一个掌管天下钱粮的官员，自己会不会很有钱？

　　对别人来说，也许会；对刘晏来说，不会。

　　刘晏身居高位，但说实在的，他很少为自己考虑，他的房子在长安边上，又矮又破，家里一个仆人侍妾都没有。

　　早上上朝，早餐就是在路上买俩烧饼，一边骑马一边咀嚼，绝不会去店里坐下来吃油条喝豆浆。别人笑话他，他也不恼，还说这烧饼味道好着呢，让人家也尝尝。

　　刘晏常跟人说的一句话就是："房子要那么大干吗，够住就行；饮食要那么好干吗，吃饱就行；坐骑要那么漂亮干吗，能代步就行。"

　　公元 799 年，唐代宗李豫驾崩，唐德宗李适继位，杨炎升任宰相。

　　这杨炎，是唐代宗时奸相元载的党羽，而他本人也是奸得不能再奸的小人。因为刘晏是元载伏诛时的主要办案人员，为此，杨炎和刘晏一直有着私仇。

　　为了扳倒刘晏，杨炎经常给唐德宗打小报告，说刘晏掌管天下钱粮，权势太大，不可不防。

　　这样说服唐德宗将刘晏贬到外地之后，杨炎还不死心，又与荆南节度使庾准一起诬陷刘晏图谋作乱。唐德宗偏听偏信，最终下旨赐死了刘晏。大唐"财神"就这样不明不白遭到冤杀。

　　极具讽刺意味的是，刘晏死后，朝廷抄家，结果只得两车书和几斗米麦，其他再无一样值钱之物。

　　直到四年后，唐德宗才幡然醒悟，准许刘晏归葬故里，又追赠他为郑州刺史，并加封他为司徒。

　　然而，刘晏给大唐帝国带来的经济盛景却不会再有了。随着刘晏的离世，他一手缔造的经济改革也毁于一旦，天下百姓再次陷入水深火热的泥淖之中。不久，"建中之乱"爆发，唐朝从此也陷入了被藩镇牵着鼻子走的境地。

　　建中之乱：建中二年（781年），成德节度使李宝臣死，其子李惟岳请求皇帝允许藩镇节度使将职位传给子嗣，唐德宗不干，于是战事大起。后李惟岳虽兵败被杀，但卢龙节度使朱滔、魏博节度使田悦、淄青节度使李纳、淮西节度使李希烈、太尉朱泚等人又相继叛乱，唐德宗甚至被包围在奉天（今陕西省乾县）城中达一个月之久。这些战乱前后历经4年，史称"建中之乱"。

以造福国家百姓为己任，
是我们饱读诗书、实现人生价值的根本。

第四章　大唐的另类学子

学能配位，德不配位

宋之问

宋之问（约656—712年），字延清，虢州弘农（今河南省灵宝市）人，另有说法是汾州（今山西省汾阳市）人，唐朝大臣、诗人，善写五言排律，为近体律诗定型的代表诗人。

学子界的"小鲜肉"

中国古代的优秀学子，大部分都是既有风骨又有才学之人。当然，其中也少不了一些"老鼠屎"。宋之问就是这些"老鼠屎"中的"佼佼者"。

本来，宋之问有个好父亲。据史料记载，他的父亲宋令文是个典型的农村励志青年，从小多才多艺，长大后练就了三门绝活：文章、书法和武艺。

宋令文生了三个儿子：宋之问、宋之逊和宋之悌。比较有意思的是，三个儿子后来分别继承了宋令文的一项手艺，老大宋之问精于诗文，老二宋之逊颇有书法功底，老三宋之悌则是个会功夫的练家子。

要说三人中最优秀的，还得是宋之问。

在宋令文的精心教导下，宋之问从小就显露出了过人的才华。而且，让人羡慕嫉妒恨的是，他不但才高，人还贼帅，身材高大、五官端正。放到现代社会，走哪都是一枚标准的"小鲜肉"。

公元675年，19岁的宋之问离开家乡，来到京城应试。结果甫登考场，就技压群芳，喜提进士功名，与"初唐四杰"之一的杨炯一起被召入朝廷文学馆。在《儒林外史》中，著名的范进同志，考了大半辈子，才混了一个举人。而宋之问不到20岁，就已经是进士了。学霸与学渣，从来就不是一个段位的。

在文学馆工作了一段时间以后，宋之问又被调入了不知有多少人梦寐以求的崇文馆。在唐朝，崇文馆可是一个非常特殊的机构，因为那是太子读书的地方。宋之问去崇文馆，等于去给太子当老师，陪太子读书。其中的特别意义就在于，如果日后太子能够顺利登基，他这个太子老师的前途，可能要多耀眼就会有多耀眼。

只不过，随着仕途越来越顺，得到的礼遇越来越高，宋之问开始走偏了。准确地说，他误入歧途了。

争当主角的"舔狗"

宋之问生活的时代，正是武则天掌权的时候。

在武则天之前，朝堂上把着重要职位的人，基本都是世家大阀。但武则天开了口子，让不少寒门人士坐上了高位。这就让没有门阀背景的宋之问看到了希望。

当然，武则天相当精明，她明白同样是寒门，有政治头脑的学霸可以重用，如狄仁杰、娄师德，而只会诗文的学霸则只能做点缀，如宋之问。只可惜，宋之问不明白这个道理，他心里只有一个愿望——巴结武则天。

通常长得帅的人都很自信，宋之问也不例外。宋之问因此单纯地认为，凭自己走到哪身边都莺飞燕舞的颜值，一定也会像张易之、张昌宗那样得到武则天的宠信吧？

于是，宋之问写了一首长诗《明河篇》，其中四句为：

> 明河可望不可亲，愿得乘槎一问津。
> 更将织女支机石，还访成都卖卜人。

舔狗

说白了，这就是一首非常艺术化的情诗，宋之问想借此表达自己对武则天的爱意。彼时，武则天 60 岁出头，宋之问 20 岁出头。

虽然"小鲜肉"人人都爱，但宋之问最后还是热脸贴了冷屁股。因为武则天嫌弃他有——口臭。据说，宋之问得知原因后羞愧不已，从此每天嘴里都含着丁香，希望能够祛除令人讨厌的口臭。

直接巴结武则天不行，宋之问开始"曲线救国"，转而巴结武则天的男宠张易之、张昌宗。巴结到了什么程度呢？据说有一天上朝，张易之内急，他便急急忙忙地去帮张易之提尿壶。

可见，宋之问着着实实是连人格都不要了。

请把版权让给我

宋之问身上，还有一段诗词界的公案。

宋之问有个比自己年龄稍大的外甥刘希夷，和宋之问一样是唐朝诗坛上出了名的才子。

有一次，刘希夷写了首好诗《代悲白头翁》。因为宋之问名气大，刘希夷就将诗稿拿给宋之问看，希望他能帮自己斧正。

宋之问看后，对诗中的"年年岁岁花相似，岁岁年年人不同"两句爱不释手。因此，宋之问便动了歪心思，开口向刘希夷索要这一联，也就是希望刘希夷把这两句诗的版权让给他。

对于刘希夷来说，这种场合很难说出拒绝的话，于是只好答应。

可对于文人才子来说，自己的作品不就像自己的孩子一样吗？刘希夷嘴上答应，心里又如何舍得？没过多久，刘希夷就把这事儿捅了出去。

这下宋之问脸上挂不住了，一气之下找来家中的奴才用装满沙土的袋子，活活把刘希夷给压死了。据说，这是当时很流行的一种杀人方法。

这段公案记载于唐代韦绚的《刘宾客嘉话录》中，真假已经不得而知。但在《全唐诗》中，同样的《代悲白头翁》诗，一首收在刘希夷名下，一首收在宋之问名下，两首诗句的内容一模一样，似乎成了宋之问滥杀刘希夷的一个佐证。

先不论宋之问是否杀了刘希夷，宋之问喜欢强夺别人版权的确是不争的事实。当时，宋之问和沈佺期合称"沈宋"，由沈佺期写就的《梅花落》《巫山高》等诗，到了宋之问手上就变成了《花落》《内题赋得巫山雨》。据统计，《全唐诗》共收录了宋之问的187首诗，其中和别人的作品几乎完全相同的就有17首，约占他自己诗歌的1/10。

政客好权，商人好利，文人好名。看到好的作品后，显然宋之问的心理是扭曲的，儒家的教条并没有使他成为一个正直的人，反而是在名利的诱惑下，干出了为苍天所不容之事。

左右摇摆，终误了卿卿性命

公元705年，宰相张柬之等人发动"神龙政变"，武则天被迫退位，张易之、张昌宗被杀，原来依附武则天和二张的"舔狗"团队一一被清理，宋之问也被新皇帝唐中宗流放到了岭南。

也是在被流放期间，偷偷跑回家乡的过程中，宋之问写下了一生中五言律诗的巅峰之作《渡汉江》：

> 岭外音书断，经冬复历春。
> 近乡情更怯，不敢问来人。

这首诗只有短短的 20 个字，但却流露出他对家乡满满的思念。其意境之高绝对让人顶礼膜拜。直到今天，这首诗仍被收录在我们的小学语文课本中。

文采好则好矣，本性恶也恶矣。宋之问即使被流放，也没忘记过舔狗本色。武则天倒了，他又开始寻找新的靠山。

宋之问先是投靠武三思，为此还不惜出卖了收留他的恩人兼好友张仲之。武三思倒台后，他又选择了投靠太平公主。不久，他可能觉得安乐公主才是棵大树，又转而拜在了安乐公主门下。

左右摇摆的宋之问，可能从没想过自己的举动会遭到别人多大的反感，尤其是他曾经投靠过的主子。

果然，太平公主很快就在唐中宗面前参了他一本，使他过起了再次被流放的日子。唐玄宗继位后，对宋之问的惩罚则更为直接——下诏赐死。

多行不义必自毙，宋之问终于咎由自取。

当然，话表两回，宋之问品行卑劣，但也不影响他在文学领域的才华和贡献。在《新唐诗》中，宋之问对唐代的诗歌进行了一系列的总结和批判，也提出了很多有建设性的个人建议，如重视诗歌的社会功能、提倡自然和真实的创作。这些思想不仅推动了唐朝诗歌的发展，也为后世的诗歌创作提供了重要的借鉴和启示。

或许，这算是宋之问生而为人唯一的闪光点了。

会写诗并非处世之道，
会做人才是立身之本。

茶人状元

张又新

张又新（约公元 813 年前后在世），生卒年不详，字孔昭，深州陆泽县（今河北省深州市西旧州村）人，嗜茶，有《煎茶水记》传世。

超强的"考试控"

在唐朝的学子圈中，有一个被称为"以谄附败丧其家声""品行最为尘下者"的状元，姓张名又新。这人正事不干，只知道阿谀奉承，败坏家族声誉，是品行最低劣的人了。

张又新出身文学世家，妥妥的官二代，而且他家祖孙三代都是超强的科举做题家。

张又新的曾祖张鷟（zhuó），只要遇上考试，成绩就全是优等，有四次还是第一，当时的名士员半千就说他好比是成色最好的青铜钱，不论怎样选都会中，因此他得了个"青钱学士"的雅名。这个张家老爷子还写了一本奇书，叫《朝野金载》，主要搜集唐高宗、武则天、唐玄宗时中央政府的奇闻逸事，堪称唐王朝的"黑料集锦"。

张又新的父亲张荐，当官当到工部侍郎，出使过回纥、吐蕃等，是唐王朝一位不辱使命的高级外交官。

张家的考试基因流淌到张又新这儿更不得了，史载他很小的时候就"工文，善文辞"，是写文章的好手。

到了考试场上，张又新则在 30 岁左右的年纪，成功地实现了"连中三元"的壮举。

连中三元：我国科举制度始于隋朝，经过长期演变和改革，逐步固定为乡试、会试、殿试三级的形式。乡试是由各省在省城主持的考试，考中的称为"举人"，第一名称为"解元"；会试由礼部在京城主持，考中的称为"贡生"，第一名称为"会元"；殿试由皇帝亲自主持，考中的称为"进士"，第一名称为"状元"，也称"殿元"。如果在乡试、会试、殿试三次考试中均得第一，正好是解元、会元、状元"三元"得主，所以叫连中三元。

　　要知道，我国自隋朝开始科举考试以来，1300年间共产生了近800名状元，而"连中三元"的只有十几人。张又新又是这十几人中的佼佼者，因为他连中三元时比大多数人都年轻。所以，如果说张又新是千年难遇的一个奇才，恐怕一点都不为过。

　　也正因此，张又新"连中三元"的故事瞬间引爆了大唐的学子圈。唐朝中央政府天天宣扬他，无数学子一时间也把他视为偶像。而他本人，也被时人亲切地称为"张三头"。

　　只可惜，张又新的表现完全对不上这份"殊荣"。

英雄难过美人关

　　相传，连中三元，少年得志，张又新便经常在别人面前自夸，而且毫不避讳自己所谓的"人生理想"：我这人吧，对做官是没多大兴趣的，唯一的爱好就是娶一位绝色美妻，这样我的人生也就圆满了。

这话被京兆尹杨虞卿听了去，杨虞卿便向张又新大力推荐自己的女儿，说自己的女儿美貌天下无双。

张又新感激涕零地同意了。

在古代，这种被定下的婚事可没有培养感情一说，通常就是定下日子，走完仪式就行。结婚以前，双方基本见不着对方的模样。张又新就这样稀里糊涂地把小杨姑娘给娶了。

婚后，张又新才发现，这个小杨姑娘长得实在是一般，他原来的欢天喜地也化为了愁容满面，甚至连上朝也在发呆。

每每这时，他的岳父杨虞卿就会用上朝的笏板打他，责怪他一个考霸竟然变得如此痴傻。

有一天，两人坐下来谈心。张又新对杨虞卿说，我把你当知己，你却拿个丑女儿糊弄我。

杨虞卿哈哈大笑，你见过你的岳母吧，那种丑，才叫直通地府哦。

张又新想到岳母，心里立马一阵哆嗦。

就这样，张又新上朝的心情算是平复一些了，但仍不免对小杨姑娘的相貌耿耿于怀，以至于一天在花园中散心，看到白色的牡丹簇拥开放，就好像是大雪铺满地面一般，触景生情，写下了在历史上还算有一丁点名气的《牡丹》诗：

> 牡丹一朵值千金，将谓从来色最深。
> 今日满栏开似雪，一生辜负看花心。

牡丹自古都是雍容华贵的花朵，一朵就能值上千金，而牡丹中最好的就是颜色艳丽的深色牡丹了。接着话风一转，但我今天只看到白牡丹开得像雪一样，真是白白辜负了我一颗看花、赏花的心。张又新的言下之意是，自己本来是想坐拥美妻的，但现在看来是实现不了年轻时的那颗"看花心"了。

这首诗流传开来以后，张又新喜好美色的名声也随之越传越广，到现在，"花心"一词已经正儿八经成了用情不专一的代名词了。

堕落的状元

张又新出身官宦世家，但没学到官家的为国为民，反而把官场那套"厚黑学"琢磨得非常通透。

当时的朝堂，党争非常激烈，张又新开始拼命巴结宰相李逢吉。当时的翰林学士李绅，就是写下"锄禾日当午，汗滴禾下土。谁知盘中餐，粒粒皆辛苦"的那位，很受唐穆宗的信任，与李德裕、元稹一起，被人们称为"三俊"。

唐敬宗继位以后，李逢吉很想拉拢李绅，奈何李绅非常不配合。在此情况下，李逢吉便以张又新等人为喽啰，在朝堂上接二连三诬陷攻击李绅。这种强大的政治攻击，终于使唐敬宗将李绅贬为了端州（今广东省肇庆市）司马。

当时，李逢吉的党羽加上张又新，共有党徒8人，附庸8人，人称"八关十六子"。他们共同掌握着不少人生杀予夺的权力。

有权不行好事，是"八关十六子"的座右铭。也正因此，他们将一大帮朝廷重臣打压去了外地，例如副宰相李程，还有深孚众望的牛僧孺、李德裕、裴度等人。

到了唐文宗时期，历史又出现了逆转。

因为唐文宗开始打击旧臣了，充当李逢吉鹰犬的张又新自然免不了一贬再贬，而原来遭到打压的李绅等人则被重新起用。

公元 836 年，张又新被贬温州，路上因为行船遇上狂风暴雨，两个儿子都掉入江中淹死了。当时的小杨姑娘，伤心欲绝，但也没有对张又新有任何责怪怨言，反而还不断安慰开导他。可见，张又新虽没娶上美妻，但也算是真正得了一名贤妻。

船不能行，儿子又死于非命，走投无路的张又新，只好厚着脸皮去求他攻击过的李绅。毕竟，李绅此时正任淮南节度使，这一带正好由他管辖。

好在李绅完全不念旧恶，反而热情地接待了他，还时不时地邀请张又新吃饭。

有一次，在李绅的宴席上，张又新看见一名歌伎面熟，想了想才发现是自己 20 年前的老相好。这下，张又新又触景生情了，写下一首《赠广陵妓》：

> 云雨分飞二十年，当时求梦不曾眠。
> 今来头白重相见，还上襄王玳瑁筵。

李绅哪能听不出张又新弦中的雅意，于是大手一挥，就将这位歌伎送给了张又新。可怜了人家小杨姑娘，又有很长时间要接受丈夫"出轨"的事实了。

与此同时，张又新的名声也越来越臭。当时的人都说他，这家伙靠谄媚起家，又因此而衰败，丧家风，辱门面，那是没准的了。

以茶扬名

说实话，历史上说张又新工于诗文，但他的诗格调确实不高，平庸无味，也很少有能引起后人注意的佳作。

令张又新在历史上还算有点名头的，是他对茶的研究。

张又新酷爱喝茶。要知道，唐朝还有一个人叫陆羽，被封为"茶圣"。张又新因此经常感叹，老天要是把他生在陆羽前头，那"茶圣"的名号说不定就是他张又新的了。

张又新有一本论茶水的著作，叫《煎茶水记》，专门叙述用什么样的水来煮茶最好喝。

要知道，古人对泡茶是特别有讲究的，单单一个茶水，就说要活而鲜，烹茶最好是用山水，其次是江水，最后才是井水。而山水中，又以泉水流出来以后浸沉下来的为最佳，那些涌得非常湍急的水则不能用。

而张又新则有新的见地，他说在茶产地喝茶，就要用茶产地的水，因为这里的茶和水已经合一，而脱离了茶产地，就要精心选择泡茶用的水了。

张又新的《煎茶水记》中，专门列出了20种泡茶用的水，对后世人研究茶影响巨大，他也得封了一个雅号，叫"水圣"。

而他的《煎茶水记》，也被认为是继陆羽的《茶经》之后，我国又一部重要的茶学著作。

有时候即使迫不得已，
我们也应该守好做人做事的底线，
千万不能走歪。

金榜题名连"四元"

崔元翰

崔元翰（733—795年），名鹏，字元翰，博陵安平（今河北省安平县）人，唐代大臣、诗文家。

学霸中的学霸

在中国科举史上，崔元翰是个创造历史的存在，因为他是第一个既"连中三元"又"连中四元"的人。

崔元翰家世显赫，出身于有"士族第一姓"之称的博陵崔氏。这个崔氏，从汉朝到宋朝，一共出了27个宰相，上百位的将军和政府高官，而文学家、诗人、书画家更是多如牛毛。其中，仅是唐朝的宰相，崔家就贡献了11个。

崔元翰的父亲崔良佐，就是唐朝出了名的易学专家。他本来是唐朝的地方小官，后来因为崔元翰的奶奶过世而回家当了教书先生，写过很多关于易学的专著。

在这样深厚家学渊源的影响下，崔元翰和他的两个弟弟崔敖、崔备从小都是别人眼中的别人家的孩子。尤其是崔元翰，打小就一目十行，过目成诵，博通经史，知道的人无不称奇。

公元 781 年，年近 50 岁的崔元翰在唐朝进士科考试中勇夺状元。在那之前，他在府试、省试中皆是第一，妥妥的"连中三元"，是中国历史上有据可考的第一位"三元及第"的超级学霸。

不过，你以为"三元及第"就结束了吗？NO！

崔元翰性子孤僻，不喜欢社交，因此一心扑在了考试上，把考试当成他毕生的最大爱好。

50 岁的时候，崔元翰又参加了朝廷举行的"博学鸿词科"考试。结果嘛，仍然是第一，崔元翰由"连中三元"变成了"连中四元"。

这里面，"博学鸿词科"可以说是最难考的。既然称为"博学"，那考生必定需要有极其渊博的学识，考试范围当然也是相当的广。唐朝的另一学霸李商隐就曾经感叹过："能去考博学鸿词科的人，那必定是上知天文下知地理的全能型人才啊。"

因为考试成绩相当出色，当时的主考官礼部侍郎于邵相当惊诧，并下了个结论："这崔元翰，以后必定是中央政府的第一笔杆子。"

由此可见，崔元翰不仅是学霸，也是考场的"不倒翁""学霸中的学霸"。

"打包"前三

关于崔元翰中状元的事，历史上还有一段秘闻。

要知道，在崔元翰中状元的那一年，他的弟弟崔敖、崔备也参加了考试。而且很有意思的是，崔敖是榜眼，崔备则是探花。一家三兄弟把前三名全部"打包"带走，简直堪称传奇。宋朝的苏轼一家三进士就很牛了，而崔家更牛。

不过，据和崔元翰同一时期的李肇在《唐国史补》中撰文称，因为崔元翰在当时名气已经响当当，宰相杨炎曾经想直接推荐他做官。

但以考试为乐趣的崔元翰拒绝了，他还是想通过科举步入仕途。而且在此过程中，崔元翰似乎已经提前知道了这次考试的考题——《白云起封中》。

兄弟三人同时参加科考，老哥知道了题目，当然不会独享。崔元翰也就将题目透露给了弟弟崔敖。崔敖呢，为了保证考试的公平，也为了对得起自己的良心，临考时一再请求考官给自己换了一套试卷。

结果那次考试，崔元翰的题目果然是《白云起封中》，自然是高中状元。而崔敖虽然换了题目，仍然取得了好成绩。

这个故事的真实性应该是存疑的，如果崔元翰有作弊的嫌疑，那又何以其他几次考试也都次次第一呢？

估计，李肇纯粹是嫉妒崔元翰吧。

学究公务员

唐德宗时期，中央政府对藩镇的控制力度还不错。这样一来，学霸们如果有幸成为藩镇的幕僚，以后直接迁转到中央的机会也会大大增加。因此，有很多考中进士和考中博学鸿词科的学霸都选择先到藩镇上去做幕僚锻炼锻炼。崔元翰也不例外。

崔元翰连中四元以后，便首先到了义成节度使李勉那儿做了副总管，接着又去河东节度使马燧那儿做了政治部主任。

公元787年，在地方上锻炼得差不多的崔元翰被征召入朝。两年后，崔元翰被任命为知制诰，正式成为中央政府的首席笔杆子，负责起草罢免宰相、出征讨伐等方面的重要文书。于邵的预言，应验了。

不过，老实巴交的崔元翰虽然诏书写得非常不错，但不通人情世故，也不愿意与朝堂上一拨奸邪之人为伍，所以仅仅干了两年，就被降职为国家主管刑案的司长。在这个岗位上，又因为查长安市长李充的经济案件受阻，结果郁闷成疾，没多久就被气死了。

虽然官场不得意，但崔元翰的才学应该是公认的。只是，崔元翰的作品今已大多不存，我们也已经无法看到崔元翰究竟是何水平了。

如果不做公务员，崔元翰可能是一个称职的老学究。奈何，唐朝的公务员并不是只凭能力讲话，更多的是讲圈子。但圈子，是崔元翰永远的短板。

留下来的作品少得可怜，工作经历极其简单，这可能就是我们现在很少有人知道崔元翰的真正原因。

恐怕在历史上，崔元翰的名声还不及他的女儿崔莺莺，也就是元稹的初恋，《莺莺传》中的那位女主角吧。

崔莺莺

考试，靠的永远不是运气，
而是好学不倦，绝不懈怠！

留诗最多的女学子

薛涛

薛涛（768—832 年），字洪度，长安（今陕西省西安市）人，唐代女诗人，有"扫眉才子""女校书"之称。

谁说女子不如男

在四川成都的望江公园里，有这么一副对联：

古井冷斜阳，问几树枇杷，何处是校书门巷；
大江横曲槛，占一楼烟月，要平分工部草堂。

此联为清人伍生辉所撰，上联采用探寻薛涛故居的语气，表达对薛涛的仰慕之情；下联将望江楼与杜甫草堂相提并论，表达对薛涛才情的高度赞赏。

薛涛，当得起这份宠誉。

薛涛出身书香门第，是家中的独女。父亲薛郧是个清正廉明的官员，思想也很开放，从来不认为女子就只适合相夫教子，不该读书。

　　拥有这么一个好父亲,薛涛自然从小就接受着良好的教育,并且显露出过人的天赋。史载,薛涛仅仅八九岁时就已经能作诗了,比当时那些只会描红画粉的所谓"大家闺秀"不知高出了多少才气。

才情兼备

明人钟惺曾在《名媛诗归》中记载了这么一个故事。

故事说的是薛涛8岁时，有一天父女俩正在庭院的梧桐树下歇凉。

薛郧突发奇想，准备考薛涛一联：

"庭除一古桐，耸干入云中。"

薛涛想都没想，立即对：

"枝迎南北鸟，叶送往来风。"

由此，我们可看出薛涛才思的敏捷。

其实，薛涛不仅能诗，还能书。北宋官方的书法教材《宣和书谱》中就说她写的字，丝毫没有女子的纤细，反而是笔力峻激，一手行书写得非常切合王羲之那字体的意思。

除诗书外，薛涛还精通音律，更重要的是，长大以后，她还出落得如花似玉。

想想，这样的女子，怎么可能会得不到世人的爱慕呢？

蜀中女校书

但薛涛可能没想到，自己无忧无虑的生活会在14岁的时候戛然而止。

那一年，薛郧因得罪权贵而被贬谪四川。一家人跋山涉水，从繁华的京城移居到了遥远的成都。而此时，薛郧的身体也出现了各种各样的问题，常年需要靠药物维持。

两年后，薛郧奉命出使南诏。唐宋的南诏，地理气候比之岭南更为恶劣，薛郧的身体哪里经受得起，不久就因感染瘴疬客死他乡。

一家之主的谢幕，让薛涛及其母亲的生活立时陷入困顿之中。无奈之下，薛涛只得凭借自己的美貌和才学，入了官府的乐籍，成了一名乐伎，其工作性质就是为朝中官员陪酒侍宴，歌舞献诗。

乐籍：古代有的罪民、战俘等群体的妻女及其后代会被列入乐户，乐户的名籍就是乐籍。乐户中人会世代从乐，通常备受社会歧视和压制。

尽管如此，薛涛不但没有沉沦，反而一如既往地写字、写诗。

一年后，韦皋出任剑南西川节度使，有幸见到了薛涛写就的《牡丹》：

> 去春零落暮春时，泪湿红笺怨别离。
> 常恐便同巫峡散，因何重有武陵期。
> 传情每向馨香得，不语还应彼此知。
> 只欲栏边安枕席，夜深闲共说相思。

这韦皋，本身也是一名才子，虽然年长薛涛 20 来岁，但才子才女惺惺相惜，从此把薛涛捧为身边的红人，只要节度使府中开宴，那薛涛就绝对是侍宴的不二人选。

某日，韦皋突发奇想，要授薛涛"校书"一职，让她在节度使府撰写公文和典校藏书。别小看这个校书，尽管官阶只有九品，门槛却不低，通常只有进士出身的人才有资格担任。

作为一介女子，薛涛连科考都不曾经历，可见韦皋对她的宠溺。虽然最后大唐中央因格于旧例没有批准韦皋的请求，但薛涛"校书"之名还是不胫而走。

和薛涛同时代的文士王建还曾为此写过一首《寄蜀中薛涛校书》：

> 万里桥边女校书，枇杷花里闭门居。
> 扫眉才子知多少，管领春风总不如。

自此，"女校书""扫眉才子"就成了薛涛的代名词。

无果的姐弟恋

薛涛虽然有才，诗名远播，但她的职业注定了她就是一个卖笑女。

作为官伎，官员们给她衣食，她就有义务为官员们献艺。

有时，她会遇到一些不错的官员，赠给她一些钱物，以博她欢心。出名以后，薛涛周围就盘旋着不少慕名而来的权贵。在人们眼中，她的才学远比她的容貌更诱人。

而且，薛涛也是自负的，她曾公开向蜀中文人叫板，结果无人能与之匹敌，世人又送她一个雅号——"文妖"。

韦皋死后，武元衡继任西川节度使。听闻薛涛大名，武元衡特地下令准许薛涛脱籍回家。接着，李夷简、王播、段文昌等人相继镇蜀，薛涛便开始以清客的身份出入幕府。因为她熟知历代幕府的政绩得失，也成了节度使们咨询的对象，她本人也受到了较好的礼遇。

这段时间，一些外地文人来蜀，通常都要先会一会薛校书，例如白居易、元稹、张籍、王建、刘禹锡、杜牧、张祜等。

其中，不得不说的则是元稹。

公元 809 年，元稹官拜监察御史，出使东川。到了成都，元稹当然要见一下薛涛。结果不见还好，一见就见出了感情。那一年，元稹 30 岁，薛涛 41 岁，"姐弟恋"正式开演。

谁料仅仅三个月后，元稹就被调回洛阳。临走前，元稹对薛涛许下山盟海誓，情深款款地要薛涛等他回来。

薛涛这一等，就是一辈子。

10 年后，元稹突然想起薛涛，也曾有意将她接过来。只是元大"花心萝卜"恰好又遇到了另外一个女人，马上就把薛涛给撇下了。薛涛的相思，仅仅换来了元稹的一首《寄赠薛涛》：

> 锦江滑腻蛾眉秀，幻出文君与薛涛。
> 言语巧偷鹦鹉舌，文章分得凤凰毛。
> 纷纷辞客多停笔，个个公卿欲梦刀。
> 别后相思隔烟水，菖蒲花发五云高。

薛涛终究是错付了，原来的热恋只能化为字字珠玑，如《春望词》：

> 花开不同赏，花落不同悲。
> 欲问相思处，花开花落时。
> 揽草结同心，将以遗知音。
> 春愁正断绝，春鸟复哀吟。
> 风花日将老，佳期犹渺渺。
> 不结同心人，空结同心草。
> 那堪花满枝，翻作两相思。
> 玉箸垂朝镜，春风知不知。

忍将红裙换了道袍

据说，在思念元稹的过程中，薛涛发明了一种小笺纸，今人称之为薛涛笺。

彼时，薛涛嫌写诗的信笺纸幅太大，于是对其进行了改良，以花泥加清水将纸染成桃红色，压平阴干，再裁得精巧纤细，这样制作出来的笺纸非常适合用来写情书。在我国笺纸的发展史上，薛涛笺也具有重要的地位。

只是，无论薛涛怎么努力，元稹都不可能回来了。

伤心的薛涛最后搬离了原来居住的浣花溪，迁到今望江楼附近的碧鸡坊，并用毕生所有的积蓄建起了一座"吟诗楼"。

从此，薛涛脱下红裙，换上灰色道袍，整日吟诗，独度晚年。

据统计，薛涛一生为我们留下了90多首诗，是整个女子学霸界留诗最多的一位。

纵观薛涛的一生，乐伎加女冠（女冠，指女道士），看起来挺惨淡，但她在文学上却是光芒万丈。

她的诗最著名的，除了《春望词》，还有《送友人》：

> 水国蒹葭夜有霜，月寒山色共苍苍。
> 谁言千里自今夕，离梦杳如关塞长。

更难能可贵的是，薛涛的诗不仅以清词丽句见长，还有一些反映社会现实的作品。在封建社会，这样的作品出自像她这样的乐伎，是不多见的。例如她对防守边疆的战士寄予了深刻同情的《罚赴边有怀上韦令公二首（其一）》：

> 闻道边城苦，而今到始知。
> 羞将门下曲，唱与陇头儿。

而这些诗都是为人千古传诵，可与唐朝男学霸们竞雄的佳作名篇。

无论什么样的女子，
只要敢于舒展自己，
都能如海棠花一样芬芳。

历史不『蕉绿』——大唐学子列传

开悟的学子

惠能

惠能（638—713 年），俗姓卢，原籍范阳（郡治在今北京市西南），生于南海新兴（今属广东省），唐代高僧，禅宗南宗创始人，佛教史上称为禅宗六祖。

顿悟的砍柴人

一个出身贫苦，未曾上过学的樵夫，可以被称为学霸吗？

当然可以。因为学霸并不一定只生长在学堂里，也可能生活在其他任何领域。有的人不用看书，仅靠听和领悟，就能透视精深的佛法，作出影响几千年且最有禅境的偈诗，并且创成为中国佛教史和思想史上最有创造力的大师，被称为"智圣"。这不是学霸，那还是什么？

这个人，就是惠能。

惠能出生于公元 638 年二月初八。这一天，自达摩祖师将世间最不可思议的智慧——禅传给二祖慧可，恰好过去了整整100年，似乎预示着惠能从出生开始就与佛结缘。

惠能出生那一天，又恰好有两位云游僧人经过。僧人打眼就看出这小子佛缘不浅，于是就给他起名叫惠能，意思是以佛法惠施众生。如果按惠能的姓氏，他的真名该叫卢惠能。后来，惠能出家后，就沿用了这个名字。所以，惠能其实既是他的法名，也是他的俗名。俗名法名合一，在中国几千年的佛教历史上，也只有惠能这一人。

惠能从小就颇为不幸。在他3岁的时候，父亲就留下他们孤儿寡母去世了。一家人生活艰辛，不得不每天靠砍柴卖柴来维持生计。

惠能砍柴用心，长到20岁时，几乎已是家乡最出色的樵夫。

虽然不识字，但是惠能却相当聪慧。有一次在卖柴途中，听到有人在诵经，其中有一句"应无所住，而生其心"，就是做事不要去祈求结果，而要有认真去做的心，惠能心中莫名地澄澈起来。

那时，他就下定决心要学佛。

相传，惠能出家求佛时，他的母亲是坚决不同意的，但惠能的意志无比坚决。他母亲没法子，就请惠能的舅父来规劝他。

然后，惠能的舅父给他出了一道难题，要惠能拜石，如果石头裂开就可以出家。结果，惠能一拜，天上就劈下一道闪电，将石头一分为二。这真是完美地诠释了"精诚所至，金石为开"的深刻内涵。

他母亲和舅父再无话可说，惠能也得以立即赶赴湖北黄梅县，向崇拜已久的东山寺禅宗五祖弘忍寻求法义。

砍柴少年

一偈传衣钵

然而，惠能与弘忍的第一次见面却不甚融洽。

弘忍听说了惠能的来历，故意以言讥刺："来自还没开化的岭南？作为南蛮子，你有成佛的资格吗？"

惠能不疾不徐，昂首挺胸地回答："人有南北之分，佛可没南北之别。人人都有佛性，南北一切众生都可以成佛。"

一席话说得弘忍暗暗赞叹，心想这可是高僧的可造之材呀。

但弘忍还要考验惠能，于是将他安排去了东山寺的后院，主要工作是给东山寺劈柴舂米。

弘忍的目的，惠能自然明白。虽然在寺院，他又干回了砍柴的老本行，但他一有空，就会在柴房偷听弘忍的禅法，并且常常在体力劳动中苦苦思考禅的真谛。

有一天，弘忍想要传衣钵了，他把所有门人都召集起来，要他们各自写一首偈子。

最先上场的是神秀。这神秀是弘忍座下的"教授师"，他自小是学霸，又长得身材高大，气宇轩昂，年过半百投入弘忍座下，深受弘忍器重。其实，当时在场的人都认为，弘忍的衣钵恐怕要非神秀莫属了。

> 身是菩提树，心如明镜台。
>
> 时时勤拂拭，勿使惹尘埃。

神秀的偈子一出，众僧无不点赞、鼓掌，弘忍却微笑不语。

轮到惠能了，他说自己也要做一首，可是他不识字，幸好一位识字的僧人帮了忙，将他的偈子写在了墙头：

> 菩提本无树，明镜亦非台。
>
> 本来无一物，何处惹尘埃？

写完，众僧的表情就从开始的不屑转为了惊诧。弘忍微微颔首，心中已有了主意。在弘忍看来，神秀的偈子没有悟道，还在修行，而惠能的偈子则已然彻悟。

于是，在一个月黑风高的夜晚，弘忍来到后院，将衣钵偷偷传给了当时还没正式剃度的惠能，并嘱他连夜逃离，以躲避禅宗中那些拎不清的队友们。

菩提本无树，
明镜亦非台。
本来无一物，
何处惹尘埃？

躲逃追杀

离开弘忍，惠能去了广东，心有不甘的原队友们开始对他紧追不舍。

惠能来到宝林寺，追杀者为要他的命放火烧山。好在，惠能大难不死。他回到老家，给母亲留下一些银两后，再次潜逃。

两个月后，惠能来到大庾岭，身后还有数百名僧人追杀他。在这里，他点化了其中一个追踪者惠明，之后又逃到四会避难，混在猎人队伍中一躲就是 15 年。

15 年中，惠能常常解救被猎的小动物，也从没忘记过给大家说法，并且在夜以继日的研习中，他的理论也更加系统化。

终于，他走出深山，来到了广州法性寺观光法会。

当时，印宗法师正在讲解《涅槃经》，一阵微风吹来，旗幡随风飘动，两名僧人禅心大起，一说这是风在动，一说这是幡在动。

一边的惠能立马说了句："不是风动，不是幡动，是仁者的心在动啊。"

这句话说得实在太好了，被震撼到的印宗法师立即将惠能请上尊位，请他讲解佛法的大义。

而当惠能打开包袱，披上袈裟时，大家才发现他就是传说中的六祖。僧俗们纷纷下跪，瞻仰六祖的神采。

公元 676 年正月十五，印宗法师终于在光孝寺的菩提树下给惠能完成了正式剃度。在众人的礼请下，惠能也终于坐上了镶金的宝座。

神奇的是，那棵菩提树是南朝时的智药法师种下的，他还曾预言自己死后 175 年将有一个人在此剃度，并度化无量众生。而惠能的剃度，正好是智药法师死后 175 年。

禅宗六祖

剃度以后，惠能前往宝林寺讲经说法。

惠能在南方弘扬佛法的同时，神秀也在北方声名鹊起。虽然弘忍认为神秀还没有悟道，但追随他的人依旧很多，甚至连武则天也把他请到洛阳、长安，奉为国师，对他行跪拜礼，王公大臣们每天跑来瞻仰他神采的达上万人。

自此，禅宗形成了南宗北宗并立的局面。惠能和神秀，也在大唐帝国的范围内形成了南能北秀的两大禅学中心。

当时，惠能的主张是顿悟成佛，挑水中可以修行，砍柴中也可以修行。而神秀则主张传统的渐修，即修行必须打坐参禅，凝神看静。

在南北两派的较量中，仍然有不少人打着追杀惠能的主意。

据说，曾经有一个刺客，提着尖刀溜进了惠能的禅房。结果，惠能早有预见，不仅让刺客扑了个空，还成功地感化了刺客，使得刺客洗心革面，诚心诚意地要拜惠能为师。

公元 713 年八月初三，惠能召集徒众，对他们说了最后一首偈语：

> 静止不动不修善，悠闲自在不造恶。
>
> 断绝见闻心安静，心无拘束无所着。

之后，惠能端坐到三更，忽然告诉弟子"我去了"。自此，惠能飘然圆寂。据说，当夜异香充满禅室，天空白虹连到地面，树木都变成白色，飞禽走兽无不哀鸣。

惠能这一生，24 岁传衣，39 岁剃度，说法 37 年，在世 76 年，他的行为真正和他的名字一样，度人无数。

而在惠能圆寂 19 年后，他的弟子神会在河南滑台（今滑县）

还举行过一场辩论大会，击败了神秀的门人，也使南宗压倒了北宗，成为禅宗的正统。

现在，惠能身上那件曾引起追杀纷争的袈裟，早已不见了踪影，但惠能的真身却依旧供于他圆寂的宝林寺（现已更名为南华寺），千年不坏。他弘扬的"顿悟"禅法，经过200多年的演变，也已形成临济宗、曹洞宗、云门宗、法眼宗、沩仰宗五个流派，并且传播到亚洲各国，影响遍及全世界。

在这个世界上，谁都可以逆袭，
关键是你的思想要有根本的觉悟。